DE SARGENTO A FALSO CARDENAL

EL SARGENTO FRANCISCO MAYORAL Y EL CARDENAL LUIS Mª DE BORBÓN

DE SARGENTO A FALSO CARDENAL

EL SARGENTO FRANCISCO MAYORAL

Y EL CARDENAL LUIS Mª DE BORBÓN

3ª edición

J. Mª. Martí Bonet,

con la colaboración de Joana Alarcón

Barcelona 2024

Abreviaturas:

T. : Transcripción del texto del manuscrito del Archivo Diocesano de Barcelona "Expe-
dients i Informacions, Procés nº 570" del año 1818. J.Mª Martí Bonet et al., *La Inquisión y
el falso cardenal de Borbón. El español que burló al imperio napoleónico* (Barcelona, 2005).

© J. M. Martí i Bonet
De sargento a falso cardenal. El sargento Francisco Mayoral y el cardenal Luis Mª de Borbón
ISBN Libro en papel: 978-84-685-8026-5
ISBN eBook en PDF: 978-84-685-8027-2
Impreso en España
Editado por Bubok Publishing S.L

1a edición: 2005
2ª edición: 2014
3a edición: Enero de 2024

*Fotografía de la portada: El falso cardenal bendice, sostenido por el general y el capellán, a la multitud
congregada dentro de la iglesia de Sedán. Dibujo de B. Planella y grabado de J. Amillo en la primera
edición autobiográfica de Barcelona (1836). Habiéndose librado de celebrar la misa dado su fingido
desmayo, Mayoral quiso representar su papel y salió a dar la bendición al pueblo.*

PRÓLOGO DE LA SEGUNDA EDICIÓN

Sabemos por la mismísima Inquisición de Barcelona que en el mes de abril de 1818 comparece ante el mencionado tribunal el sargento del ejército español Francisco Mayoral. Se le acusa de haber celebrado misas y matrimonios así como suplatado la personalidad del cardenal Luis María de Borbón, arzobispo de Sevilla y Toledo, primado de España y nieto de Felipe V. Cierto era. Después de haber sido hecho prisionero en 1810 por las tropas napoleónicas en Ciudad Rodrigo, inició un viaje como cautivo por toda Francia. A lo largo del mismo fingió ser el citado cardenal de Borbón, engañando a todas las autoridades, civiles y militares, francesas que se le pusieron por delante. Protagonizó un sinfín de pícaras aventuras por el país vecino, llegando a cartearse con la mismísima esposa de Napoleón, la emperatriz María Luisa, archiduquesa de Austria.

El presente libro intenta presentar un extracto de esa historia rocambolesca comparándola con la biografía del auténtico cardenal Luis María de Borbón. Tal extracto procede de una anterior edición (a. 2005) publicada por el Archivo Diocesano de Barcelona intitulada La Inquisición y el falso cardenal de Borbón. El español que burló al imperio napoleónico. Proceso de la Inquisición de Barcelona nº 570. *Son los autores: J. M. Martí Bonet, director y coordinador, J. M. Juncà Ramon (†), L. Niqui Puigvert (†), L. Bonet Armangol, F. Miquel Mascort (†), P. J. Figuerola Rotger (ilustraciones), C. del Blanco Barrusell, E. Ribera Mitjans, X. Sala Martí, F. Tena Juncosa, R. Sospedra Roca y J. Alarcón Hernández.*

En esta reedición y actualización del libro os presentamos una breve narración de las aventuras del sargento español que ya fue dada a conocer en diversas ocasiones mediante ediciones populares y algunas notas autógrafas del mismo Mayoral. Se trata de una versión de los hechos narrados verificando fuentes originales de los archivos españoles y franceses para comprobar la veracidad de los datos ya conocidos y añadir todos los demás que él "olvidó" contar y que no favorecían su causa. Un grupo de investigadores del Archivo Diocesano de Barcelona halló el proceso original de la Inquisición contra el sargento Mayoral en sus dependencias y, durante más de 20 años, ha investigado todo lo que en él aparece. El resultado es esta apasionante y documentada monografía histórica puesta ahora al alcance del público general para el disfrute de todos.

J. M. Martí Bonet

*   *   *

Se ha realizado la tercera edición con motivo de dos conferencias según consta en la siguiente notificación:

Benvolguts amics, ens plau convidar-vos a la conferència

ARS NOSTRA
Catedral de Barcelona

"El fals i l'autèntic cardenal de Borbón (2ª part). La Constitució ("la Pepa") i el cardenal Lluís M. de Borbó i Ferran VII"

intervenen Josep M. Martí i Bonet
i els Monitors i Voluntaris de la Catedral de Barcelona

TEMES:

1. A Sedan el fals cardenal celebra el seu patró.
2. La muller de Napoleó es carteja amb el fals cardenal.
3. Acusacions segons la Inquisició.
4. Testimoni en contra d'un ordenat pel cardenal a Toledo.
5. A Tours, un altres cop es fa passar per cardenal de Borbó.
6. Va beneïr el celler i una hora després va enrunar-se.
7. Tornà a Barcelona amb carreta de bous.
8. Trajecte del fals cardenal per França.
9. "La Pepa" i el cardenal de Borbó.

L'acte tindrà lloc a l'edifici de Sant Sever, al costat de la Catedral (C. Sant Sever 9), el dissabte 27 de gener, de 10,30h. a 11,30h. Accés lliure.

Josep M. Martí i Bonet, canonge
Barcelona, gener de 2024

do –si es que la había– y a su vez añadir todos los extremos que obviamente
tro Mayoral olvidó o quiso olvidar, ya que posiblemente no favorecían a su
ante el Tribunal que no se aturdía ante las máximas barbaridades relatadas.

investigación que duró veinte años

rupo de investigadores del Archivo Diocesano de Barcelona –bajo la supervisión
coordinación del director Dr. J.M. Martí Bonet– ha investigado durante casi
e años todo lo que en el manuscrito del mismo Tribunal de la Inquisición se
a del falso cardenal, cotejándolo con la numerosa documentación hallada en
titud de archivos franceses y españoles.

esultado es una apasionante y documentada monografía que el mismo Archivo
cesano editó en mayo de 2005, y que lleva por título La Inquisición y el falso
lenal de Borbón, el español que burló al imperio napoleónico (proceso nº 570
Archivo Diocesano de Barcelona, serie *Expedientes e informaciones* año 1818).

a reciente aportación

presente volumen que tú, amable lector, tienes en tus manos, no pretende
a cosa que el completar algunos extremos de la narración anterior y presentar
intamente el relato prescindiendo del texto de todo el proceso de la Inquisición
e se halla completo en la anterior edición del 2005. Además añadimos el último
título de la vida del gran estafador Francisco Mayoral, que a su regreso de su
io lo hallamos en Ávila, y, ¡cómo no!, intentando arreglar un órgano según la
ta que nos remitió un agradecido lector: el Sr. Carlos Parrilla Alcaide, dice:

ladrid, 26 de abril de 2013. Estimado Sr.: He tenido el placer de leer recientemente
obra dirigida por Vd. relativa al sargento Francisco Mayoral, *La Inquisición y el*
so cardenal de Borbón, basada en el expediente del proceso penal que se siguió
ntra él y del que han tenido el acierto de añadir unos completísimos anexos.
trabajo concluye con la "desaparición" del personaje a principios de 1820, de
greso de su destierro en Ceuta. El objeto de mi carta es aportar, en la medida
que les pueda resultar útil, un dato que permite seguir la pista del sargento

I

LA FICCIÓN SE CONVIERTE EN REALIDAD

Un falso cardenal engañó a franceses y españoles

El 8 de abril de 1818 comparece ante el Tribunal de la Inquisición de Barcelona el sargento del ejército español Francisco Mayoral. Se le acusa de haber celebrado misas y casamientos eclesiásticos en Francia, así como de haber suplantado la personalidad del cardenal Luis María de Borbón, arzobispo de Sevilla y de Toledo, primado de España y nieto de Felipe V. Esta rocambolesca noticia es totalmente cierta y comprobada en los archivos franceses, españoles y por supuesto en el mismo de la Inquisición española.

Francisco Mayoral, cuya partida de nacimiento hemos encontrado en la parroquia de San Pedro de Ávila –a pesar de que él se hacía pasar por bautizado en Salamanca porque, según él, era de mayor dignidad–, en 1810 fue hecho prisionero por las tropas napoleónicas en Ciudad Rodrigo (España). En seguida inició un viaje como cautivo por Francia. A lo largo del mismo fingió ser el citado cardenal, que se hallaba en Cádiz olvidado por todos menos por los padres de la Constitución denominada "la Pepa". Nuestro falso cardenal Mayoral, curiosamente, logró engañar a las autoridades civiles y militares francesas que se fueron cruzando en su camino. Protagonizó un sinfín de pícaras aventuras por el país vecino, llegando a cartearse con la mismísima esposa de Napoleón, la emperatriz María Luisa archiduquesa de Austria.

Una breve narración de la aventura del sargento español fue dada a conocer en varias ocasiones mediante ediciones populares. Mas faltaba completar la historia con la versión completa de todos los hechos narrados, verificando las fuentes originales en los archivos españoles y franceses para comprobar la veracidad de lo narrado –si es que la había– y a su vez añadir todos los extremos que obviamente nuestro Mayoral olvidó o quiso olvidar, ya que posiblemente no favorecían a su causa ante el Tribunal que no se aturdía ante las máximas barbaridades relatadas.

Una investigación que duró veinte años

Un grupo de investigadores del Archivo Diocesano de Barcelona –bajo la supervisión y la coordinación del director Dr. J.M. Martí Bonet– ha investigado durante casi veinte años todo lo que en el manuscrito del mismo Tribunal de la Inquisición se decía del falso cardenal, cotejándolo con la numerosa documentación hallada en multitud de archivos franceses y españoles.

El resultado es una apasionante y documentada monografía que el mismo Archivo Diocesano editó en mayo de 2005, y que lleva por título La Inquisición y el falso cardenal de Borbón, el español que burló al imperio napoleónico (proceso nº 570 del Archivo Diocesano de Barcelona, serie *Expedientes e informaciones* año 1818).

Una reciente aportación

El presente volumen que tú, amable lector, tienes en tus manos, no pretende otra cosa que el completar algunos extremos de la narración anterior y presentar sucintamente el relato prescindiendo del texto de todo el proceso de la Inquisición que se halla completo en la anterior edición del 2005. Además añadimos el último capítulo de la vida del gran estafador Francisco Mayoral, que a su regreso de su exilio lo hallamos en Ávila, y, ¡cómo no!, intentando arreglar un órgano según la carta que nos remitió un agradecido lector: el Sr. Carlos Parrilla Alcaide, dice:

«Madrid, 26 de abril de 2013. Estimado Sr.: He tenido el placer de leer recientemente la obra dirigida por Vd. relativa al sargento Francisco Mayoral, *La Inquisición y el falso cardenal de Borbón*, basada en el expediente del proceso penal que se siguió contra él y del que han tenido el acierto de añadir unos completísimos anexos. El trabajo concluye con la "desaparición" del personaje a principios de 1820, de regreso de su destierro en Ceuta. El objeto de mi carta es aportar, en la medida en que les pueda resultar útil, un dato que permite seguir la pista del sargento aumentárselas, pasó al Espinar, donde encontró muy atareado al buen religioso en componer y estructurar de nuevo el órgano de las monjas de aquella villa. Le ayudó dos misas, y acabó de persuadirse de que era un atrevido impostor, pues hacía muy mal las ceremonias, decía la oración en lugar de la epístola, la epístola en lugar del evangelio, y daba la comunión sin observar el rito. Desde entonces se trató de observarlo de cerca, y de seguirle la idea de ir a Ávila para la mencionada cobranza, aunque ya se sabía por el comerciante que él había nombrado, no existir en su poder la cantidad a que se refería. Verificó en efecto el viaje en compañía de tres sujetos de Cebreros del Rey interesados en la cobranza y resueltos a castigar la osadía de aquel aventurero. Llegados a la ciudad, dijo que se llevaron las hostias a la posada y que sus compañeros de viaje se reuniesen en casa del comerciante, interin él pasaba a ver al Señor Arcediano. En efecto, entró en el portal y luego que perdió de vista a los conductores, salió de la ciudad tomando el camino de Miugala. Notada su falta, se le empezó a buscar y una mujer dio noticia del camino que llevaba a pie y con una cesta de rosquillas que le habían regalado las monjas. Se le alcanzó y condujo a la ciudad, donde por orden del Señor Provisor se le puso en la cárcel de la Baronía. A la primera declaración dijo ser lego, viudo y con un hijo: parece ha sido soldado y estando prisionero en Francia tuvo la osadía de fingirse arzobispo de Toledo. Se le está siguiendo causa y es muy natural que reciba en breve el castigo de tanta impostura.»

Hasta aquí el conjunto de documentos aportados por el Sr. Parrilla. Sin embargo, conviene expresar mi primer impacto con el falso cardenal.

Un paquete sospechoso

¡Lo recuerdo muy bien! Cuando el 2 de septiembre de 1972 me hice cargo del Archivo Diocesano de Barcelona, en mi primera visita me obsesionó un sospechoso paquete en la sala más arcana del depósito. Era un paquete envuelto con un papel gris con hilos metálicos que con letras claras e imponentes decía: «Per favor, no llegir-lo. Està prohibit consultar-lo». Tal paquete no me dejó dormir durante mi primera noche como archivero diocesano de Barcelona. Me preguntaba: ¿pero, no me ha dicho el Sr. Arzobispo Dr. Jubany que era yo, después de él, el único "amo" del Archivo? Por la mañana, antes de abrir el archivo al público, fue lo primero que –con un cierto rubor– hice, asegurándome de que nadie me viera. Caí en la tentación y abrí el paquete. En su interior había varios legajos, algunos de ellos olían mal y estaban muy sobados. Una autobiografía de Francisco Mayoral, el sargento que quería ser el gran héroe nacional contra el emperador Napoleón. Los otros dos legajos eran nada más ni nada menos que de la Inquisición, o sea el proceso que se instruyó en el Tribunal del Santo Oficio contra un sargento que durante la guerra de Independencia (invasión de Napoleón a España) simuló ser su alteza el eminentísimo cardenal de Toledo D. Luis de Borbón, arzobispo de Toledo y Sevilla, presidente de la regencia real que elaboró con los diputados de las Cortes de Cádiz la famosa constitución de 1813, llamada "la Pepa" por haberse jurado en el día de San José de 1813.

Al principio no creíamos que la aventura fuera veraz

Fue para mí un auténtico descubrimiento, y como un niño pequeño quise hacer partícipes de él a mis amigos más íntimos. Era como si les enseñara los cromos de mi colección infantil, advirtiéndoles de que nadie más –especialmente la autoridad eclesiástica– debía conocer que jugábamos con la Inquisición. Me parecía que cometía un pecado, aunque la intención era buena o por lo menos científica. ¿Quién me lo podría impedir? Sin embargo, los mismos amigos –que me quieren bien– me hicieron reflexionar y pensar que mejor sería no hacer caso de ese proceso. Obviamente que el relato autobiográfico de tan magna aventura y las mismas actas del proceso, en un principio entre mis amigos y en mí produjeron un claro rechazo ante cualquier intento de inmediata publicación. A primera vista se advertían muchos desatinos, falsedades e incoherencias que imposibilitaban una coherente investigación posterior. Creí que había sido una aparente alarma tras el hallazgo de un tesoro archivístico. Se debía aparcar.

Mosén Juncà pescador de ballenas

Pero entre mis amigos había uno que yo consideraba en aquel entonces terco y visionario. Era Mn. Josep Mª Juncà, vicario episcopal del Dr. Jubany que acudía casi diariamente al Archivo para realizar sus investigaciones, todas ellas muy interesantes excepto –así lo creía– una; o sea, persistía en continuar la investigación del que él llamaba «el sargento cardenal». ¡Qué equivocado estaba yo! Para que se callara de una vez, transigí, pero no por convencimiento, sino por sacudirme aquella persistente responsabilidad (según él) acompañándole a Salamanca y a Cahors. El resultado fue sorprendente. A Mn. Juncà siempre le digo que el oficio de investigar es como el del pescador: a veces hay suerte y otras veces no se pesca ni una triste sardina. Pero en esto también me equivocaba, porque nuestro Mn. Juncà me pescaba no pescadilla, sino auténticas ballenas. Me sabe mal decirlo: él tenía razón y yo me equivocaba. Aquí la paciencia y el "seny" del archivero era un gran tropiezo para la ciencia archivística y para nuestra historia.

Cada viaje de investigación que hacíamos –ahora con el mismo Juncà, Mn. Lluís Bonet, Mn. Leandre Niqui (†), Mn. Fèliz Miquel (†), Srs. Pere Jordi Figuerola, Carmen del Blanco, Xavier Sala Martí, Francesc Tena y Rafel Sospedra– era un viaje divertido, pero a la vez científico posiblemente. Ciencia es conocer el porqué de las cosas investigadas. Aquí el objeto de nuestra investigación era conocer si era cierto el contenido de la autobiografía y las aventuras de Mayoral. ¡Y lo era! Así constatamos, por ejemplo, que muchos matrimonios que hizo Mayoral realmente se realizaron, porque en el archivo correspondiente francés se encuentra la posterior subsanación que el vicario general expedía exigiendo que repitieran de nuevo su consentimiento matrimonial. Obviamente estos documentos existen y son la mejor prueba de que Mayoral –un sargento– se atrevió a presidir este sacramento con misa y confesión. Lo mismo cabe decir del órgano de la catedral de Cahors, que una vez desmontados todos los tubos no sabía recomponer aquel caos de tubos e instrumentos musicales. Por otra parte las autoridades eclesiásticas de Cahors no se atrevían a reconocer que habían sido engañados. Hubiera sido un gravísimo desprestigio para toda la diócesis, de manera que lo obviaron ya que tras una gratificación le echaron tierra encima. Cobró, pero no por la restauración – que no la hubo– sino por el silencio exigido. Estaban muy enfadados y humillados, pero a la vez hipócritamente le dieron las gracias según consta en los documentos. Y grande ha sido nuestro asombro al comprobar que el archivo consultado en Cahors nos dice que el órgano de la catedral no funciona porque un organero incompetente puso su torpe mano en él.

Cómo empezamos la investigación

En primer lugar, como es obvio, consultamos el mismo Archivo Diocesano de Barcelona el legajo que corresponde al proceso contra Mayoral que se halla en la serie documental *Expedientes e informaciones*, año 1818, nº 570. El epígrafe del mismo es "Expediente formado a Francisco Mayoral, sargento 1º con grado de subteniente del tercero de Ciudad Rodrigo, 6ª compañía, que ha cometido los gravísimos delitos de haberse (sic) fingido cardenal-arzobispo de Toledo y bajo este título haber (sic) usado en Francia pectoral y anillo, dando bendiciones, haber celebrado el sacrificio de la Misa y confesado y casado y haber hecho otras cosas que le arguyen de mala creencia acerca del sacramento de la Penitencia y de la Eucaristía". Dentro del proceso hay unos cuadernillos escritos por el mismo Mayoral que llevan por título: 'De la vida del fingido cardenal en Francia'. Consta la historia de 366 hojas en tres tomos de cuartilla con uno intitulado 'La conversión de la madama la baronesa'.

Ante todo nos preguntamos: ¿por qué se conserva un proceso de la Inquisición en el Archivo Diocesano? ¿Existían otros procesos de esa última época de la Inquisición en el Archivo? Debemos asegurar que este proceso y otros seis —aunque esos últimos no completos— que se custodian en la serie documental "Expedientes e Informaciones" son una excepción: porque el grueso de procesos fue según la opinión de algunos historiadores a parar al Archivo Histórico Nacional en contra de la idea generalizada de que el 10 de marzo de 1820 el populacho arrojó por las ventanas del Palacio de la Inquisición («Palau Reial Major») todos los procesos y quemó el archivo y la biblioteca de este Santo Oficio del Tribunal de la Inquisición de Barcelona. Lo cierto es que hemos consultado un fichero que se halla en el Archivo Histórico Nacional de Madrid, sección Inquisición, en el que hay por lo menos treinta nombres de procesados en Barcelona entre los años 1816 y el 1819. De nuestro seudocardenal sólo hay una referencia, ya que toda la documentación del proceso se halla, como hemos dicho, en el Archivo Diocesano de Barcelona. Posiblemente —como expondremos al tratar este legajo— el mismo obispo o alguno de los inquisidores, o quizá el secretario Dr. Juan de la Calva, extrajo toda la documentación del proceso del Palacio de la Inquisición pocos días antes del 10 de marzo de 1820 y la depositó en el obispado, con unas cubiertas especiales que nos recuerdan a las que, al hacernos cargo del Archivo (1972), nos llamaban poderosamente la atención, ya que en ellas constaban las siguientes e inquietantes palabras: «secreto y muy reservado». Los que hemos estudiado eran dos misteriosos legajos con el epígrafe «Inquisición», de los cuales, por supuesto, lo primero que exoneramos fueron las ataduras del carácter secreto y del misterioso arcano archivístico, y lo incluimos en la serie mencionada: "Expedientes e Informaciones".

Es uno de los pocos gozos que el archivero puede catar en su profesión: encontrar una perla de esta categoría, aunque estuviera un poco "pringada".

Posteriormente, después de haber consultado los archivos eclesiásticos de Barcelona (Diocesano, Catedralicio y provincial de los franciscanos de Cataluña) y los archivos civiles (Archivo de la Corona de Aragón, de la Biblioteca de Cataluña y de la Universidad de Barcelona), nos lanzamos a la aventura de visitar personalmente los archivos de Francia, a la búsqueda de datos sobre los cuales —lo confesamos— nosotros mismos teníamos razonables dudas, así como no pocos temores de hacer el ridículo. Y esto nos apenaba. Pero pronto lo superamos.

La investigación (junio de 1981) fue fructífera. Por lo menos íbamos descubriendo el paso del falso cardenal de Borbón por tierras francesas y coincidían no pocos datos de los que el propio Mayoral nos describe en su biografía: nombres de obispos, vicarios generales, eclesiásticos, militares, ciudades y pueblos... Especial atención deparamos en informaciones halladas en los archivos de Cahors. El archivero diocesano, muy amablemente, nos dio acceso a una documentación que trataba del órgano de la catedral. Gracias a ella hemos podido comprobar que en los años 1812-1813 el órgano estaba inservible por causa de unos «arreglos de gente incompetente». No se indica el nombre del personaje incompetente, pero bien puede deducirse que se trata de nuestro Mayoral, que se hizo pasar por organero —según su autobiografía— y una vez sacados todos los tubos, no supo de nuevo colocarlos. Destrozó prácticamente el órgano. Y de eso se queja el vicario general en los testimonios hallados en el mencionado archivo francés.

Nos lanzamos a la investigación en bibliotecas y archivos franceses

Ante todo, buscamos la bibliografía que nos condujera a los archivos franceses. Así encontramos unos ricos catálogos de archivos y museos. Entre estos últimos cabe destacar el publicado en Sedan el 1886 por Edouuart Dépaquit y Emile Thellier. En la página 464 se lee: «Ajoutons qu'en Mai 1813 un espagnol recueilli à l'hôspital de Sedan et fut reconnu par un deses compatriotes pour le cardinal de Bourbon, archevêque de Tolède; émus, les magistrats sedanais le firent transporter dans un logement decent; mais à Fontainebleau le Pape et les cardinaux prevenus ignoraient totut de ce prétendu cardinal qui ne tarda pas à éter convaneu d'imposture».

También consultamos los archivos departamentales «des Ardennes de Charleville-Meziers», así como la crónica (años 1809-1919) de Valenciennes.[1]

Obviamente que de la bibliografía actual francesa destaca la *Histoire de Sedan* del historiador Dominique Congar, hermano del célebre teólogo Ivan Congar. Este autor nos habla de la aventura de Mayoral en Francia (pág. 44). También cabe señalar la obra de Ferreras, intitulada *Projet pour un catalogue de romans et romaniers de XIX siècle*. Este autor cita las obras publicadas referentes al sargento Mayoral. Dice que hay las siguientes ediciones: Barcelona 1836 y 1839, San Sebastián 1844, y dos ediciones de Zaragoza y Londres de 1846. En el catálogo de novelas y novelistas españoles del siglo XIX (Madrid 1930) se cita también a Mayoral. Nosotros hemos distinguido estas ediciones con las siguientes letras A (Barcelona), B (San Sebastián), C (Zaragoza) y D (Londres). Así se puede intentar realizar una edición crítica; tal como hacemos en el capítulo dedicado a la descripción de la aventura.

Según J. I. Ferreras en el mencionado estudio (*Projet pour un catalogue...*), la obra nació en Barcelona en el año 1836.[2] Critica algunas interpretaciones sobre esta singular aventura y afirma que es una pura invención la carta que Mayoral envía a la emperatriz según consta en el libro del seudocardenal. Sin embargo depende de la versión de este libro que consignamos —como hemos indicado— con las iniciales A, B, C y D, según sea la edición de Barcelona, San Sebastián, Zaragoza o Londres.

Las informaciones de los archivos franceses

Una vez estudiada la bibliografía básica francesa en la que se trataba de la singular aventura del seudocardenal nos aventuramos —si así puede decirse— a la búsqueda de informaciones archivísticas de Francia. En España fue, dicha investigación, muy gratificante. Algo parecido ocurrió con los archivos eclesiásticos departamentales de Francia. Sin embargo al empezar por la Ville Brive ("Archives Municipals") pocos datos extrajimos que nos ayudaran a descubrir la incógnita de una dama francesa amante del falso cardenal.

---

1 *Chronologie Valenciennes*, (1865) págs. 25-33. Es útil además consultar S. LE BOUCQ: *Histoire eclesiastique de la ville et comté de Valentienne* (Valenciennes, 1844), pág. 57 (grabados de San Nicolás y San Gery (págs 57 y 67) y a JEAN RENE AYMES, *La deportation surs les espagnoles en France (1808-1814)* (París 1983), pág. 97.

2 *Catalogue de romans...* = *Approche Littèraire et linguistique...* pág. 89-100.

En esos archivos buscábamos la identificación de la amante del falso cardenal «Mademoiselle Amabili» y otros posibles datos de soldados españoles exiliados o prisioneros entre los años 1810-1814. Tanto en ese archivo como en los otros visitados, entregábamos un pequeño resumen de los datos que buscábamos.[3]

Muy afablemente, la directora del Archivo de Brive, Mari-Rose Guillot nos escribía, después de haberla visitado: «D'après nos recherches, il n'a pas été possible jusqu'a présent, de trouver la présence à Brive, ni de Francisco Mayoral, ni de mademoiselle Amabili, ce que je regrette. Si, à l'avenir, je fais des découvertes à ce sujet, je ne manquerai pas de vous en informer».

Era, sin embargo, muy conveniente para nuestro estudio encontrar algo que nos acallara nuestra curiosidad, referente al personaje femenino, o sea, la señorita Amabile, hija natural del obispo de Limoges, según ella asevera y de la que Mayoral tan profusamente nos describe en su autobiografía. Pero he aquí que en un último intento —no compartido por la totalidad del grupo— incluso visitamos el cementerio de Brive. Revisamos el registro de los enterrados y dimos varias vueltas por los recintos donde se hallan las tumbas. ¡No aparecía rastro de la Amabili! Incluso descubrimos, con ostentoso escándalo y matizada indignación, que dos miembros de nuestro equipo de investigadores utilizaban métodos impropios de la investigación histórica. Allí arrinconados, tapándose, como si hicieran algo indigno, sacaron de sus recónditos bolsillos unos improvisados péndulos que con sus oscilaciones continuas indicaban —según nos dijeron— la dirección precisa del lugar de la tumba en donde la buscada Amabili estaba enterrada. La dirección marcada por el péndulo era Limoges, y el lugar el cementerio de aquella ciudad. ¿Debíamos trasladarnos a Limoges para buscar dicha sepultura? El equipo, por mayoría, rechazó la propuesta, no sin fulminarles una severa moción de censura. Tal conclusión fue muy pertinente, ya que de lo contrario nuestro itinerario archivístico se hubiera convertido en una simple búsqueda fúnebre con pocos visos de ser científica.

---

3 Transcribimos en nuestra edición primera (a. 2005) el texto de la solicitud de información solicitada a los archiveros franceses en el apéndice VI de la misma edición, o sea, *La Inquisición y el falso...* pág. 473

¿Quién, hoy en día, hace caso de la Inquisición y de sus procesos?

Que existió madeimoselle Amabili, no cabe la menor duda. Así lo testifican —como veremos— varios testigos tanto del proceso de la auditoría de guerra, como del de la Inquisición. ¿Pero hoy día quién hace caso de la Inquisición? Este mismo Tribunal el 9 de mayo de 1818 envió «exhortos a los prefectos y maires de Francia para tomar declaración a una señorita francesa llamada Mabili (Amabili)». Sin embargo en aquella ocasión ninguna contestación llegó según se deduce del proceso. En primer lugar, porque contestar una carta o «exhorto» de la Inquisición española, por parte de las autoridades francesas, equivalía a una aprobación más o menos explícita de las actividades del Tribunal tan desechado y vilipendiado en el país vecino y en amplios sectores del nuestro. Responder quizá hubiera sido también reavivar el escarnio de un episodio que según los franceses era preciso en aras a la «grandeur de la France» olvidarlo en definitiva y sepultarlo precipitadamente.

Teníamos unos manuscritos incompletos pero suficientes

La acusación y los autos contra el falso cardenal (Mayoral) fueron presentados por los inquisidores en el año 1816. En la misma acusación nos dice que el contenido de nuestro paquete no era más que «una xerga de truhanerías y desatinos, pero en ellos no advertimos error particular contra nuestra Santa fe Católica». Hemos podido observar que el manuscrito de su autobiografía no fue escrito sino una vez en Barcelona y concretamente él mismo afirma que lo terminó el 22 de febrero de 1816. En esta fecha Mayoral se hallaba en las cárceles de la ciudadela de Barcelona y posteriormente (en el mes de marzo) en el Hospital de Barcelona.

Cabe señalar que nosotros, en un principio no hicimos caso del contenido de la autobiografía y versos de Mayoral. Sus páginas vomitaban –y perdonad la expresión– estupidez. Por otro lado nos parecía que todo lo narrado era pura invención. No obstante, también aquí nos equivocamos. Una vez estudiado el proceso de la auditoría del ejército y el de la Inquisición evocamos, casi inconscientemente, las «truhanerías» descritas por el propio Mayoral en aquellas indescifrables páginas de su aventura que se adjuntaron —como un apéndice— en el mencionado proceso. Seguimos los siguientes pasos: iniciamos la trascripción, tarea muy difícil por su endiablada escritura. Pero allí faltaban dos cuadernos. Sólo teníamos desde el inicio de la aventura hasta su estancia en Cahors,[4] desde Bourges hasta Barcelona,[5] con la inclusión del discurso gracias al cual —dice Mayoral— la baronesa de Orrean (o Orleans) se convirtió al cristianismo y unos versos, espantosos, que narran las mismas aventuras del no menos falso poeta y cardenal Francisco Mayoral.[6] La suerte, sin embargo, nos deparaba una sorpresa. Comentando un día esos misterios documentales de la Inquisición con nuestro amigo Mn. Joan Bonet Baltà —el que, según dicen y nosotros lo testificamos, «ho sabía tot del segle XIX» y que falleció el año 1996—, Mn. Bonet nos prestó un libro de su biblioteca que era precisamente la trascripción de esas aventuras del falso cardenal, publicado en Barcelona por la imprenta J. Verdaguer el año 1836 aunque con algunas variantes.[7] Tres años antes, el mismo texto era editado por una imprenta de Londres. Gracias a este libro pudimos completar nuestro interesante texto.

¿Cómo fue a parar el texto de esas aventuras a manos del editor Verdaguer? Posiblemente fue el mismo Mayoral quien entregó una copia completa de los manuscritos o alguno de sus ingenuos admiradores los usurpó del Archivo del Santo Oficio esperando la disolución definitiva de la Inquisición para editarlos. Esa copia (de Verdaguer) no coincide totalmente con el original. Por supuesto su ortografía y sintaxis están inmensamente mejoradas. Nuestro Mayoral era casi un analfabeto. En sus cartas y en sus versos no sabe separar las palabras. Acierta siempre en lo contrario que dicta la ortografía: cuando, por ejemplo, debe usarse una «b» escribe «v» y viceversa. Para él, la «h» no existe, o la convierte en «j». En fin ¡un desastre!

«Mi intención era burlarme del tirano Napoleón»

Hemos dicho que la intención de Francisco Mayoral era demostrar que «yo tengo el honor de haber sido el solo en Francia que me he burlado de un tirano (Napoleón) y de toda su nación entera. Yo he socorrido a mis compatriotas en su desgraciada suerte».[8] La finalidad era exaltar su aventura como una auténtica hazaña nacional.

---

4 Trascripción en el capítulo IV, apartado 1.1. al 3.7. (del libro *La Inquisición...*, pág. 74).

5 Trascripción en el capítulo IV, apartado 6.1. al 8.1. Siempre citamos la edición primera (del año 2005)

6 Véase apéndice 2 de la mencionada edición de 2005.

7 Véase capítulo segundo, en la ilustración de la página 186.

8 Obispo "in partibus" (T. 3.12). Véase la edición primera (a. 2005) de *La Inquisición y el falso...*, pág. 88.

Los franceses eran unos «bobos» que creían a pies juntillas aquel enredo: «ya que no podía vengar con las armas a mi patria me complacía en hacer burla de los usurpadores y en socorrer a costa suya mis necesidades y las de mis compañeros».[9]

Burla y venganza —aunque hoy día a nosotros no nos convence— es el intento explícito de la aventura del falso cardenal y de su narración: «Para vengar mi desgracia de una nación que causaba la ruina de mi patria».[10] El mismo Dios— afirma Mayoral— me ayudaba en mi aventura: «Si nos contasen mi historia como cosa sucedida tres siglos atrás apenas había quien no la tuviese por un cuento de viejas: nadie quería creer que por tantos pueblos y tantas gentes se me tuviera por el cardenal de Borbón... Parece que Dios se complacía en tener ciegos a españoles y franceses...»[11]

Tal burla iba dirigida —según afirma Mayoral— a la nación francesa y no a la corona española ni a la religión: «Al celebrar los oficios eclesiásticos, traté, sin embargo, de tranquilizarme en la parte que pudiera esto parecer un desprecio de la religión, diciéndome a mi mismo que no lo hacía si no para auxiliar a mis compatriotas».[12] «Conocí muy bien hasta donde llegaba mi criminal atrevimiento, pero no lo hice para ultrajar a mi soberano, sino para continuar un engaño a una nación enemiga. Siempre he sido soldado fiel a mi rey y a mis banderas como informarán mis jefes y debe constar en la hoja de servicios».[13] «Me consolaba no poco el saber que en aquel reino (de Francia) no había Inquisición, y el pensar que no era probable que se me aplicara la pena de muerte».[14]

Comenzaba a estar tocado de cierta manía: "ser cardenal"

Los inquisidores afirmaron que los escritos de Francisco Mayoral sobre su aventura y sus versos no contenían errores contra la fe católica, pero nos preguntamos ahora si existen errores históricos o notables incoherencias. Nuestra opinión, a pesar de

---

9 T. 8.1. Véase *La Inquisición y el falso...*, pág. 139.

10 T. 4.3. Véase *La Inquisición y el falso...*, pág. 115.

11 T. 3.21. Siempre citamos la edición primera de *La Inquisición y el falso...*, pág. 96.

12 T. 3.28

13 T. 3.29

14 T. 3.21 y 4.3

muchos perjuicios iniciales, fue también en parte positiva: hay más verdades que mentiras, más aciertos que yerros. Constatamos, sin embargo, algún error, pero fundamentalmente los datos narrados, si los comparamos con los que aportan tanto los testigos de la Inquisición como los que hemos comprobado visitando *in situ* los archivos correspondientes, muchas veces coinciden y muchos de ellos además resultan verosímiles. Esa fue nuestra gran sorpresa. Este fue nuestro nuevo asombro. Repetíamos: ¡Ocurrió! ¡Pero qué cara dura tenía ese hombre! Y posiblemente esta será la misma reacción que tendrá el lector del presente libro.

El falso cardenal de Toledo (Mayoral) tenía una viva –o, mejor dicho, vivísima– imaginación. Diríamos imaginación malsana, que quizá él mismo se creía lo que hacía y representaba. Pero hay algunas páginas en las que el lector percibe un fuerte espejismo y casi cree que lo que está leyendo, es realidad, como si hubiese ocurrido. Y quizá ocurrió. He aquí algunos ejemplos: «El general pidió mi beneplácito para dirigirnos a un pueblecito distante media hora (de Sedan)... Se lo concedí. El general hizo enseguida adelantar cuatro coraceros hacia el pueblo a fin de avisar a las autoridades... Fuimos recibidos con repique de campanas y sólo se oían repetidos gritos de ¡viva el cardenal de Borbón! Las autoridades y personal de distinción nos salieron al encuentro: bajamos del coche y era preciso que los coraceros nos hicieran paso entre la multitud que se agolpaba para verme y besarme la mano...»

«Salimos —continua Mayoral— atravesando por medio de un inmenso gentío que había acudido de todos los pueblos situados a tres leguas en contorno, con música, gritería y repique de campanas. Llegamos a la iglesia habiéndonos recibido en la puerta seis capellanes y el vicario general, quienes me condujeron al altar mayor, donde hice oración por mucho más tiempo del regular a fin de discurrir lo que debía hacer. Como la iglesia era muy grande, me pareció que lo mejor era fingir una congoja... Tomada esta determinación me dirigí a la sacristía y me dejé caer encima de unas tablas. Los circunstantes se disputaron el honor de socorrerme; otros fueron a avisar la novedad al general. Luego corrió la voz entre la gente que había en el templo y lejos de haber nadie sospechado que fuese una ficción, todo el mundo fue de dictamen que así debió suceder atendido el mucho gentío y el gran calor que hacía. Me frotaron las sienes y los labios con espíritus, y cuando principié a dar muestras de un poco de alivio pedí agua. No hubo quien se atreviese a recordarme que debía ir a celebrar y esto era lo que yo quería. Bebí y en consecuencia se dispuso que supliese mis veces el capellán destinado para decir la misa postrera..., dije que quería salir a dar la bendición al pueblo... tomé en efecto el sobrepelliz y la capa y agarrado de las manos del general y del cura me coloqué en el centro del altar mayor y di mi bendición. Después de lo cual volví a la sacristía aparentando hallarme muy fatigado. Todas las personas que me rodeaban elogiaron como un acto de valor el simple hecho de haber andado media docena de pasos para bendecir al pueblo».[15]

Otras veces en su escrito de autodefensa relata las cartas de altos personajes: «Al recibir la carta de mi prima María Luisa esposa de Napoleón y emperatriz de Francia no dejé de tener cierta satisfacción y me parecía que era realmente el cardenal de Borbón. Mi fantasía me llevaba hasta el extremo de creer que si en las reyertas de España venía a morir el verdadero cardenal de una manera que ofreciese duda, como sucede en batallas y en revoluciones, sería yo reconocido por tal hasta mi muerte. Conozco ahora que comenzaba a estar tocado de cierta manía sobre el particular. A penas se difundió la voz de este hecho (carta de la esposa de Napoleón) vinieron gente de todas clases a festejarme. Tuve guardia de honor con oficial y cuarenta hombres. Me hallaba lleno de gloria viendo formar la guardia con tambor batiente (sic) cada vez que entraba y salía; y muy a menudo exclamaba yo: Ah tontos, cuan engañados sois! y también con igual frecuencia decía: ah pobre Mayoral si se llega a descubrir, tu cabeza saltará del cuello».[16]

Partidas sacramentales en Ávila y Salamanca

Hemos encontrado la partida del falso cardenal en el archivo parroquial de Ávila, en el año 1781, y dice así: «En la ciudad de Ávila en doze dias del mes de septiembre año de mil setecientos y ochenta y uno: Yo el infrascripto cura ecónomo de la Iglesia parroquial del Señor San Pedro Apóstol extra muros de ella, bauticé solebnemente (sic) a un niño que dixeron sus padres haber nacido el dia diez de dicho mes a la una de la noche poco más o menos, a quien puse por nombre Francisco Jacinto, hijo legítimo de Manuel Mayoral y su legítima muger María Rodríguez naturales de esta dicha ciudad, casados y velados en la Iglesia Parrochial de Santo Domingo de ella. Abuelos paternos: Pedro Mayoral difunto, natural de lugar de Velayos y Manuela Muñibas, difunta, natural del lugar de la Vega de Santa María; abuelos

15   T. 3.21 y 22
16   T. 3.25

maternos Francisco Rodríguez, difunto natural de la villa de las Navas del Marqués y Manuela de Silva, difunta natural de esta dicha ciudad. Fue su padrino Francisco Poteros vecino de esta ciudad, a quien advertí el parentesco spiritual que havía contraído con dicho bauptizado y con sus padres la obligación de enseñarle la doctrina christiana y demás buenas costumbres. Y por verdad lo firmo ut supra. Thomas Herráez».[17]

Como hemos dicho, a Francisco Mayoral le gustaba decir que él era de Salamanca, porque seguramente creía que era mejor para su carrera militar considerarse de una ciudad de más renombre, o quizá porque allí vivió muchos años.

Del hermano gemelo del cual nos habla la anterior partida no hemos encontrado ninguna otra información.

Los padres de Francisco Mayoral se casaron en la iglesia de Santo Domingo de Ávila, el 30 de noviembre de 1762. Nos consta que el matrimonio Manuel Mayoral y María Rodríguez tuvieron otro hijo llamado Isidro que se casó con Manuela Bazán. Este hermano del pseudocardenal tuvo dos hijos: Jerónimo y José María, bautizados en la parroquia de Santa María de los Caballeros de Salamanca el 20 de enero de 1805 y el 8 de septiembre de 1806.

La familia Mayoral Rodríguez, y por lo tanto el mismo Francisco Mayoral, se trasladó durante la última década del siglo XVIII a la ciudad de Salamanca, a la parroquia de San Justo (o quizá de Santo Tomás). Ostentosamente los Mayoral se consideraban oriundos de la ciudad salmantina: «criado en Salamanca», diría él mismo en su declaración a la Inquisición.

Nuestro Francisco Mayoral se casó con María Manuela Herrero el día 2 de junio de 1800 en la iglesia parroquial de Santa María de los Caballeros de Salamanca. También hemos encontrado su partida.

No nos consta estrictamente por los archivos de Salamanca que durante los años de su matrimonio (1800-1816) Francisco Mayoral tuviera hijos, aunque él afirma que ciertamente tuvo un hijo.

17 Archivo Parroquial de San Pedro de Ávila, *Bautizos*, año 1781, fol. 43v-44.

Su mujer María Manuela Herrero falleció dieciséis años después de haber celebrado su matrimonio, tal y como indica su partida de defunción: «En la parroquial iglesia de Santo Tomás Canturiense de esta ciudad de Salamanca, en el día veinte del mes de septiembre de este año de mil ochocientos diez y seis, se dio sepultura eclesiástica al cadáver de María Manuela Herrero, consorte de Francisco Mayoral, la que falleció en el Santo Hospital General. Recibió los santos sacramentos de Penitencia, Viático y Extremaunción. Se hicieron los tres oficios acostumbrados y por verdad lo firmo. Fecha ut supra. Luis Bernardo Jiménez».

Nos imaginamos a esta pobre mujer prácticamente abandonada por su esposo, con un hijo de nueve años. Mayoral nunca habla en su autobiografía de su esposa legítima ni de este hijo. Mayoral acudía frecuentemente a las casas de prostitución, aunque sabía que había quien lo consideraba cardenal.

Tal y como explicaremos más adelante, en 1810 vemos a Francisco Mayoral prisionero de guerra en Ciudad Rodrigo y posteriormente conducido a Francia. Su pobre mujer se fue a vivir a Salamanca y murió, como demuestra la partida mencionada, en septiembre de 1816, cuando su esposo era procesado en Barcelona. De su hijo, de momento no hemos hallado ninguna vía posible de investigación.

La búsqueda de la partida de defunción de Francisco Mayoral que en el año 2014 todavía no hemos hallado, nos conduce al conocimiento de la muerte de su padre, Manuel Mayoral, que murió en la «Casa del Real Hospicio» de Salamanca el día 9 de noviembre de 1824.

Según la investigación de Carlos Parrilla, nuestro falso cardenal en el 1820 ya había vuelto de Ceuta –según el proceso de la Inquisición, había sido exiliado allí– y es protagonista de dos actuaciones rocambolescas en El Espinar (Segovia) y en Cebreros (Ávila), con la falsificación de un testamento y una nueva pretendida restauración de un órgano. En esta ocasión se hace pasar por el carmelita Padre Francisco. Sabemos que desde Ceuta él había pedido trasladarse a Ávila y que el seguimiento de su conducta la podían conocer los padres carmelitas de Ávila.

¿Quién y cómo era el pseudocardenal?

La descripción que nos hace la Inquisición es muy precisa: «Se llama Francisco Mayoral, natural de Ávila de los Caballeros y criado en Salamanca, de edad de treinta y ocho años, de estado viudo de María Manuela Herrero, con un hijo de unos once años que está en Salamanca. Sargento 1º graduado de subteniente de 3º batallón de infantería de Ciudad Rodrigo, y que 'vino preso desde el castillo de Montjuïc a media noche de ayer...'. Su genealogía es la siguiente. Padres: Don Manuel Mayoral residente en Salamanca y Doña María Rodríguez difunta, naturales ambos de Ávila de los Caballeros. Abuelos paternos: Antonio Mayoral y Teresa Castro, ambos difuntos naturales de Berraco, inmediato a Ávila. Abuelos maternos: Mariano Rodríguez y María Rodríguez, difuntos y vecinos de Ávila. Tíos hermanos del padre: Justa Mayoral difunta natural de Berraco, a quien conoció. Tíos hermanos de la madre: no ha conocido alguno. Hermanos: Isidro Mayoral difunto, Ramón Mayoral también difunto, Catalina Mayoral también difunta y Antonia Mayoral vecina de Salamanca. Mujer e hijos como ya tiene declarado. Se casó con la referida mujer en el año 1800 y ésta falleció en el veinte de setiembre de mil ochocientos diez y seis, como acredita la partida entre los papeles que recogió ese Santo Tribunal (Inquisición)». Esta institución continúa: «Ninguno de su familia ni él han sido hasta ahora presos, penitenciados ni reconciliados ni condenados por el Santo Oficio.... Signose, santignóse y dixo bien la doctrina cristiana que se le preguntó. Preguntado si sabe leer y escribir y que no ha estudiado en alguna facultad, sino que únicamente se ha dedicado por afición a la música y que las primeras letras y el escribir lo aprendió en Salamanca. Preguntado si ha salido de España prisionero cuando se rindió Ciudad Rodrigo, y fue conducido a Francia con los demás compañeros de armas, con quienes trató, comunicó y con algunas personas de dicha nación francesa y que estuvo en Bayona Montalbán, Brive Gallarde, departamento de Cahors, en Moulin de Borbonais, en Sedan, en Valence, en Lila de Flandes, en Petipier de Alemania y en Busenberin, en donde fue preso y conducido a España». Los archiveros del Archivo Diocesano de Barcelona visitaron todos los archivos de estas ciudades y encontraron testimonios del paso de Mayoral por ellas.

El mismo Tribunal de la Inquisición nos describe el físico de Mayoral: «Francisco Mayoral, conocido también con el fingido nombre de Félix Jolis, es sargento 1º con grado de subteniente del tercer batallón de Ciudad Rodrigo, natural de Ávila, de los Caballeros presentes sus señas está preso en las cárceles de este Santo Oficio (9 de octubre de 1818). De edad de 38 años, de estado viudo, estatura cinco pies, color blanco, ojos azules, pelo castaño rubio. Cara y nariz largas, barba regular, boca grande, con una nube en el ojo izquierdo y una cicatriz en la mano izquierda y aspecto serio». Esta era la figura del que todos conocían como «el cardenal de Toledo (falso)». Más detalles pueden deducirse de los partes de los médicos: Mayoral tenía «amago de accidentes» según afirma el padre Griver,[18] o lo que es lo mismo —según declara el teniente coronel Fernando Chaparro— «le dan unos accidentes epilépticos que le duran largo tiempo».[19] Pero otra enfermedad le hacía estar largas temporadas ingresado en los hospitales: la tisis o como la llama el médico de la Inquisición «afecto al pecho» con complicaciones pleuríticas.

Según se deduce de la documentación del proceso estuvo primero en el Hospital Militar de la ciudad condal durante los meses de marzo y abril de 1816. En el 2 de mayo ya vuelve a la Ciudadela de Barcelona para pasar posteriormente al Castillo de Montjuïc (a principios del 1818). En el 4 de abril de 1818 aún está en Montjuïc.[20] El 7 del mismo mes es trasladado a las cárceles de la Inquisición.[21] Pero tres días después vuelve a estar enfermo y según afirma el alcaide de las cárceles «le encontré muy malo de resultas de un fuerte dolor que le dio a la noche inmediata, oliendo muy mal la cárcel, tanto por la estrechez de ella, como por las evacuaciones que del mismo mal resultaban, dando un hedor que no es fácil sufrir sin caer malo el que lo asista».[22]

El médico lo visita el 11 de abril de 1818 y dice: «He reconocido la cámara de San Bartolomé del edificio de la Inquisición de Barcelona —en donde Mayoral estaba preso— me he instruido de la dolencia que aqueja al reo. Éste está al segundo día de un dolor pleurítico catarral con alguna complicación gástrica. De mucho tiempo a esta parte ha estado siempre en calabozos y con poca o ninguna propensión de mudar de ropa, por cuyo motivo al entrar en la indicada cámara se percibe un tufo o casi hedor ingrato por la escasísima ventilación de la misma... juzgo oportuno a la salud del enfermo y del que lo asista que el reo sea trasladado a otro parage más

---

18 Doc. 60. Siempre citamos la edición primera de *La Inquisición y el falso...*, pág. 315.
19 Doc. 62.
20 Doc. 28.
21 Doc. 30, 31 y 32.
22 Doc. 34. Siempre citamos la edición primera de *La Inquisición y el falso...*, pág. 297.

bien acomodado».[23] El 12 de abril de 1818 a las seis de la mañana en una camilla Mayoral ingresó al Hospital Militar.[24] Para este traslado se precisó la autorización del capitán general y del Consejo Supremo de la Inquisición de Madrid.[25] Pero volvió el día 19 a las ocho de la mañana.[26]

En verano de 1818 (19 de agosto) volvió a caer enfermo: «Lo encontré —afirma el médico— con un afecto del pecho, aún más executivo que el otro que padeció en el invierno pasado. Fue preciso administrarle todos los santos sacramentos. Está algo reparado pero necesita medicarse por algún tiempo. Ninguna de las cárceles de dicha casa está acondicionada, como corresponde, para que pueda dicho enfermo continuar su dolencia en ella y será preciso separarlo como se hizo la otra vez por el mismo motivo».[27] En esta ocasión ingresó al Hospital General de la Santa Cruz a las ocho de la noche del día 19 de agosto de 1818 en una camilla.[28] Volvió a las cárceles de la Inquisición el día 24 de setiembre de 1818 aparentemente restablecido.[29]

De su permanencia al Hospital de Santa Cruz de Barcelona tenemos unos muy notables y detallados documentos en los que consta día por día el gasto: 11 libras, 7 sueldos y 6 dineros. La factura la presentó el Hospital de Santa Cruz el 12 de noviembre de 1818 y el Tribunal la pagó el día 17 del mismo mes.[30] En esta última enfermedad estuvo —según afirma Mayoral— «a las puertas de la muerte, en tanto que fue oleado (extremaunción), auxiliado y en algunos momentos se dudó si había expirado realmente».[31]

Una vez dictada la sentencia, Mayoral debía trasladarse a Ceuta, pero el Tribunal insiste al médico Steva que lo reconozca de nuevo.[32] La visita del médico tuvo lugar el 23 de enero de 1819: «lo encontré —dice el médico— con bastante calentura, tos, dolor lateral en el pecho, todo lo que indica que va a sufrir por tercera vez el dolor

23 Doc. 36.
24 Doc. 40.
25 Doc. 39 y 43.
26 Doc. 42.
27 Doc. 107.
28 Doc. 108.
29 Doc. 110.
30 Véase apéndice 3 de la edición anterior (a. 2005).
31 Doc. 112.
32 Doc. 122.

28

pleurítico que por dos veces ha puesto su vida en inminente peligro. Por lo que a más de los remedios intensos adecuados a su estado, necesita que se le aplique luego un vericante a la parte afectada».[33] Hubo sus dificultades para trasladarle al Hospital Militar, pero el día 31 de enero de 1819 ingresó en él y allí estuvo hasta el mes de abril.[34]

Es curioso observar que estos episodios de enfermedad siempre aparecieron después de alguna audiencia en el Tribunal de la Inquisición no muy agradable para Mayoral. Enfermo estaba, no cabe duda, pero incluso en los diversos episodios de la enfermedad parecía que el enfermo Mayoral sabía dosificarse las oportunas excusas que le impidieran posteriores audiencias señaladas por la misma Inquisición de Barcelona. O sea eran enfermedades muy propicias al engaño. Tanto que esta condición influyó mucho en la sentencia: «Teniendo en consideración a este reo por las dilatadas y penosas prisiones que ha sufrido, siendo de enferma y débil complexión, habiendo estado gravemente enfermo en dos ocasiones en las cárceles secretas de este Tribunal y en una enteramente desahuciado y preparado con el Santísimo Viático y extremaunción; teniendo asimismo presente el que ha confesado sus extravíos... abjure el reo...»[35]

Los padres Griver y Pelegrín. Otros testigos

Muchos testigos presenciales de la aventura rocambolesca del falso cardenal testificaron en el Tribunal de la Inquisición. El que estuvo más tiempo con él en Francia fue el Padre Fanciscano José Griver, que nos dice, ante las preguntas del Santo Oficio en Barcelona: «Francisco Mayoral se fingió ser el actual cardenal arzobispo de Toledo, reconocido tal por todas (sic) las autoridades civiles y militares de Valenciennes y por varios españoles de todas las graduaciones. Mayoral era sargento o cabo del regimiento. Mayoral fue hecho prisionero a Ciudad Rodrigo… Pasó de Condé a Valenciennes con destino de Lille. Mayoral era de 33 a 36 años, estatura mediana, corpulencia delgada, color pajizo, ojos biscos, amago de accidentes (epilepsia)».

---

33 Doc. 124
34 Doc. 129.
35 Doc. 134.

Otro testimonio fue el Padre Pelegrín Casañas dijo: «Mayoral, en cuanto al nombre, no puedo asegurarlo por haberle oído nombrar con nombres diferentes, entre otros el de Félix Jolis; otro el que no se acuerda cuando el referido sujeto se fingió capitán del regimiento de África, y finalmente desde que se encuentra en Barcelona Francisco Mayoral. Éste, en cuanto al destino, sí debe entenderse de su graduación también el Padre Pelegrín la ignora por haberle visto una vez de capitán, otra con una especie de sotana o sayal, otra con el capellán de regimiento con su pectoral, y finalmente en el Hospital Militar de Barcelona con uniforme que no conoce el declarante, pero con el distintivo de sargento primero. La residencia del falso cardenal el padre Casañas recuerda haberlo visto en Verdún y Montmedy, Stenay y Sedán, donde por oídas el Padre Casañas sabe que pasó a Lille de Flandes. Mayoral parece tener unos treinta y cinco años poco más o menos; estatura algo menos que mediana, poca corpulencia y un defecto que tiene en la vista que hace que mire malamente».

Y, por último, presentamos el testimonio de un militar, el teniente coronel Fernando Chaparro. Éste, ante el Tribunal de la Inquisición, decía: «La edad de Mayoral era de treinta y dos años o treinta cuatro, poco más o menos, media estatura más bien bajo que alto, muy delgado, pelo y color rubio, ojos azules, nariz larga y acaballada de modo que su fisonomía es muy parecida a la del Emmo. Sr. Cardenal Arzobispo de Toledo que le dan unos accidentes epilépticos que le duran largo tiempo».

Casi analfabeto, pero muy listo y ayudado por un catalán

Cuando nos acercamos a la autobiografía y versos del personaje que finge ser cardenal, nos damos cuenta de que es casi un analfabeto: en sus cartas y en sus versos no sabe separar las palabras. Acierta siempre en lo contrario a lo que dicta la más vulgar ortografía; así, cuando por ejemplo se debe usar una 'b' escribe 'v' y viceversa. Parece que lo haga adrede. Para Mayoral la 'h' no existe o la convierte en 'j'. En fin, ¡un auténtico desastre!

Pero cabe distinguir entre sus versos y cartas y la propia crónica que él afirma haber escrito. Esta última es algo más pasable, pero cartas y versos son horrorosos. De la misma crónica dudamos que fuera escrita directamente por él. Posiblemente el amanuense era un catalán por lo que diremos a continuación. Mayoral debía sólo dictar, y el catalán lo plasmaba en el escrito, pero con muchos modismos catalanes. Probablemente que sería el mencionado Padre José Griver, franciscano, que en el Tribunal de la Inquisición declaró que asistió varias veces a la misa celebrada por Mayoral y que frecuentemente lo auxiliaba considerándose como su capellán. Lo cual nos hace pensar que el franciscano también estaba «en el negocio», recibiendo no pocos doblones. Probablemente este sería su amigo y partícipe en muchas de las fechorías de Mayoral, y también es verosímil que fuera su amanuense. Lo cierto es que está la mano de un catalán en muchas expresiones. Mayoral no sería capaz de usar un estilo tan semejante al catalán.

Sin embargo, el mismo Mayoral en alguna declaración ante el Tribunal de la Inquisición nos dice que él no entendía el catalán. Las expresiones catalanas en la crónica de su aventura son frecuentes. Así no sabía distinguir las preposiciones 'en' y 'a' («llegamos en Perpiñán»). Otros modismos son utilizar el verbo «hacer» siempre, venga o no al caso («con mi breviario hacer que rezaba»). Usan la palabra «cosa» en el sentido de «nada» («res», «yo lo que toco es el fuerte piano, la guitarra no es cosa»). No distinguir entre la preposición «con» y la preposición «en»; «con efecto» por «en efecto», o «efectivamente». El «en» y el «amb» (con en castellano) suena casi igual en catalán. El verbo «hacer» lo escribe sin hache. Así, dice: «no podía aser (sic) ninguna acció (sic) del cuerpo», en catalán «fer de cos», que equivale en castellano a «no podía hacer de vientre». Hay muchas otras expresiones: «pierde cuidado», «hacer la desentendida», «pocos días hacía», «bien debido a», «con el bien entendido que», «sería bien», «qué me quieres»…

También se encuentran otros catalanismos: «El quedarse no puede ser por estar tan cerca de la frontera» (T. 2.4) «Con mi breviario a hacer que rezaba..; me di en levantarme..; a cosa de 8 a 10 días de estar en el referido hospital» (T. 2.5); Del apartado T. 3.1 hay las siguientes expresiones: «si me hace el favor»; «yo lo que toco es el fuerte piano y el arpa, la guitarra no es cosa»; «Hacer tarde»; «El padre puede tener ese honor que no tiene cosa que le impida»; «como un buen religioso se porte y lo manda ir»; «Por tan grande caridad que hace con este infeliz religioso»; «No hago otra cosa que...»; «Pues con efecto, como cosa de media hora»; «concluimos de tomar» (T. 3.2); «La primera abentura (sic) que está muy bonita» (T. 3.2); «Yo no hacía otra cosa que ir al Hospital» (T. 3.3); «Así le pido me saque de cuidado» (T. 3.3); «La dejé con confusión» (T. 3.3); «¿Qué me quieres?» (T. 3.4); «Vas enterado de la comisión» (T. 3.4); «Piera cuidado» (T. 3.5); «No hace otra cosa más que llorar» (T. 3.5); «Creo que sería bien...» «...ahora bien serás gustosos de venir» (T. 3.5); «Quién me lo dijera a mí» (T. 3.6); «...está puesto a la voluntad de su eminencia con buen entendido que no haré cosa» (T. 3.6); «yo no hacía otra cosa más que repetir» (T. 3.6); «Le hice a la señorita que se trajese vestidos de Paris» (T. 3.6); «Se va en casa del vicario general» (T. 3.7); «Haciéndose la desentendida» (T. 3.7).

¿Existen errores históricos y notables incoherencias?

Por último, nos preguntamos si en el relato de Mayoral hay errores históricos o notables incoherencias. Nuestra opinión —a pesar de nuestros iniciales prejuicios— es también positiva: en los manuscritos del falso cardenal de Borbón hay más verdades que mentiras; hay más aciertos que yerros. Constatamos ciertamente algún error, pero fundamentalmente los datos narrados, si los comparamos con los que nos aportan tanto los testigos del proceso, como los que hemos comprobado, visitando in situ los archivos correspondientes, coinciden y son curiosamente verosímiles. Ésa ha sido nuestra sorpresa. Nuestro asombro. Y posiblemente que lo será también para el lector de este libro.

El falso cardenal de Toledo tenía una viva —mejor dicho—, una vivísima imaginación, que a veces le traicionaba. Pero hay algunas páginas en las que el lector percibe un fuerte espejismo y casi cree que lo que está leyendo, es realidad, como si hubiese ocurrido. Y quizá ocurrió. He aquí algunos ejemplos: «El general pidió mi beneplácito para dirigirnos a un pueblecito distante media hora (de Sedan)... Se lo concedí. El general hizo enseguida adelantar cuatro coraceros hacia el pueblo a fin de avisar a las autoridades... Fuimos recibidos con repique de campanas y sólo se oían repetidos gritos de ¡viva el cardenal de Borbón! Las autoridades y personal de distinción nos salieron al encuentro: bajamos del coche y era preciso que los coraceros nos hicieran paso entre la multitud que se agolpaba para verme y besarme la mano...»[36]

«Salimos —continua Mayoral— atravesando por medio de un inmenso gentío que había acudido de todos los pueblos situados a tres leguas en contorno, con música, gritería y repique de campanas. Llegamos a la iglesia habiéndonos recibido en la

36 T. 3.18 y 19

puerta seis capellanes y el vicario general, quienes me condujeron al altar mayor, donde hice oración por mucho más tiempo del regular a fin de discurrir lo que debía hacer. Como la iglesia era muy grande, me pareció que lo mejor era fingir una congoja... Tomada esta determinación me dirigí a la sacristía y me dejé caer encima de unas tablas. Los circunstantes se disputaron el honor de socorrerme; otros fueron a avisar la novedad al general. Luego corrió la voz entre la gente que había en el templo y lejos de haber nadie sospechado que fuese una ficción, todo el mundo fue de dictamen que así debió suceder atendido el mucho gentío y el gran calor que hacía. Me frotaron las sienes y los labios con espíritus, y cuando principié a dar muestras de un poco de alivio pedí agua. No hubo quien se atreviese a recordarme que debía ir a celebrar y esto era lo que yo quería. Bebí y en consecuencia se dispuso que supliese mis veces el capellán destinado para decir la misa postrera..., dije que quería salir a dar la bendición al pueblo... tomé en efecto el sobrepelliz y la capa y agarrado de las manos del general y del cura me coloqué en el centro del altar mayor y di mi bendición. Después de lo cual volví a la sacristía aparentando hallarme muy fatigado. Todas las personas que me rodeaban elogiaron como un acto de valor el simple hecho de haber andado media docena de pasos para bendecir al pueblo».[37]

Otras veces en su escrito de autodefensa relata las cartas de altos personajes: «Al recibir la carta de mi prima María Luisa esposa de Napoleón y emperatriz de Francia no dejé de tener cierta satisfacción y me parecía que era realmente el cardenal de Borbón. Mi fantasía me llevaba hasta el extremo de creer que si en las reyertas de España venía a morir el verdadero cardenal de una manera que ofreciese duda, como sucede en batallas y en revoluciones, sería yo reconocido por tal hasta mi muerte. Conozco ahora que comenzaba a estar tocado de cierta manía sobre el particular. A penas se difundió la voz de este hecho (carta de la esposa de Napoleón) vinieron gente de todas clases a festejarme. Tuve guardia de honor con oficial y cuarenta hombres. Me hallaba lleno de gloria viendo formar la guardia con tambor batiente (sic) cada vez que entraba y salía; y muy a menudo exclamaba yo: ¡Ah tontos, cuan engañados sois! y también con igual frecuencia decía: ah pobre Mayoral si se llega a descubrir, tu cabeza saltará del cuello».[38]

---

37 T. 3.21 y 22
38 T. 3.25

¿Francisco Mayoral contra Napoleón?

Francisco Mayoral Rodríguez –como aparece en la partida de bautismo– nació el día 10 de septiembre de 1781 en la ciudad de Ávila, a la una de la madrugada, y fue bautizado por el cura párroco de San Pedro Apóstol D. Tomás Herráez en la misma parroquia. Tenía un hermano gemelo llamado Manuel que nació una hora después que nuestro Francisco Mayoral. De éste sabemos que en el mes de julio era soldado con la graduación de sargento alistado en el regimiento de Infantería del Príncipe, llamado Osado. En la invasión de los franceses hubo una gran batalla en Ciudad Rodrigo junto a la frontera de Portugal. Allí estaba el regimiento de Infantería del Príncipe y allí nuestro sargento. La plaza de Ciudad Rodrigo capituló el 10 de julio de 1810 y como consecuencia de ello nuestro Mayoral con el grueso del regimiento fueron hechos prisioneros destinados al exilio de Francia, donde debían estar vigilados en cárceles o departamentos militares. Entre estos prisioneros había muchos curas y frailes que se habían declarado contrarios a la invasión francesa.

Napoleón quería invadir España poniendo como excusa que era una invasión transitoria para castigar Portugal por ser aliada de los ingleses. Fue una patraña, una auténtica vileza. Pero se avinieron a ella los monarcas que dejaron España y al final Carlos IV abdicó y dejó camino libre a la implantación de una nueva monarquía: la de José I, hermano de Napoleón, apodado «Pepe Botella». A pesar de ello, la abdicación de Carlos IV y la invasión napoleónica de España sorprendió a todos. Las primeras reacciones fueron por parte de la jerarquía española de perplejidad, y en algunos casos incluso de sumisa y vergonzosa aceptación. Así, por ejemplo, el auténtico cardenal de Borbón, Luís María, arzobispo de Toledo y de Sevilla, tiene una carta dirigida a Napoleón en la cual se lee textualmente: «La abdicación de Carlos V me impone, según Dios, la dulce obligación de poner a los pies de Vuestra Majestad imperial y real, los homenajes de mi amor, fidelidad y respeto».

En un primer periodo el cardenal de Borbón se manifestó favorable a los franceses e incluso puso a disposición de las tropas francesas todos sus fondos. Sin embargo nos preguntamos ¿cuándo y por qué se produjo el cambio? Algunos historiadores tal cambio favorable a los franceses lo atribuyen como una reacción contra las humillaciones a las que Carlos III y Godoy había sometido a su familia. Recordemos que el príncipe de la paz (Godoy) era el esposo de su hermana María Teresa, a la cual Godoy le fue constantemente infiel. Godoy estaba enamorado de una tal Josefa Tudó. Con harta frecuencia Godoy se muestra cáustico y cruel con su legítima esposa, la hermana del cardenal (el verdadero Luis María), era la famosa princesa pintada por Goya. De ella Godoy dice: «María Teresa está siempre preocupada en cuanto el bulto que hace su cuerpo (ya que estaba preñada de Godoy), pues la vista no penetra a la cara interponiéndose un bosque de pelo que la cubre los ojos, será moda o la gustará y yo no quiero darla el mal rato de que sepa que me desagrada... pocas almas habrá tan patéticas e indiferentes... Es un portento de fealdad. Mi esposa sólo sobresale por su paseo, su música, su ociosidad y su buen plato. En cuanto a Napoleón el cardenal al principio sigue la máxima de su amigo el arzobispo catalán Félix Amat que decía: Dios es quien ha puesto en manos de Napoleón los destinos de España». La adhesión a Napoleón, sin embargo, duró muy poco. El cardenal y la gran mayoría de obispos apoyaron y presidieron las Juntas creadas por doquier para oponerse a la invasión francesa. El mismo cardenal contribuyó con gran cantidad de reales para la formación de esas juntas. Y tuvo que marcharse de Toledo a Sevilla ante la ocupación de los franceses. Allí (en Toledo) permaneció su fiel obispo auxiliar Cayetano Muñoz.[39] Como hemos dicho el cardenal (ahora ya recluido en Cádiz) era el único miembro de la familia real que había quedado en España durante la Guerra de la Independencia. A pesar de ser un hombre tímido, cumplirá un papel muy importante en la oposición a su primo el rey Fernando VII cuando éste puede volver a España tras la huida de los franceses en el año 1814. Sin embargo, durante los años 1810-1814 el destino del auténtico cardenal de Borbón era totalmente desconocido, tanto por parte de la misma familia real española, como por las gentes de Europa, ya sea el pueblo como los gobernantes. Esto propició que durante mucho tiempo se creyera que el cardenal de Borbón era nuestro Mayoral. El verdadero cardenal conocía perfectamente a Fernando VII y nunca le había llamado «príncipe deseado por los españoles», porque conocía su carácter traidor. En más de una ocasión había elogiado a Napoleón ante las victorias de sus soldados contra los denominados por el mismo Fernando VII «sublevados españoles»[40].

39 ISIDORO DE VILLAPADIERNA, *El Episcopado español y la Cortes de Cádiz*: «Hispania sacra», nº. 8, (1955), pág. 278. D. Manuel Cayetano Muñoz y Benavente era natural de Santa Cruz, partido de los Infantes (arzobispos de Toledo). El arzobispo Despuig antecesor del cardenal Luis María de Borbón el 20 de octubre de 1797, lo consagró obispo con el título de Licópolis en la iglesia de San Felipe el Real de Madrid. Al permanecer en Sevilla en tiempo de la invasión francesa fue nombrado gobernador eclesiástico del arzobispado, pero siempre fue fiel a su arzobispo el Cardenal de Borbón. Murió el 8 de julio de 1824.

40 Véase lo que decimos en la página 210: *En la intimidad del verdadero cardenal de Borbón, Fernando VII no era "el deseado", sino más bien "el nefasto" en los años 1814-1820.*

Autógrafo de la vida del falso cardenal, incluida en el expediente del proceso de la Inquisición de Barcelona formado a Francisco Mayoral entre 1816 y 1818. Archivo Diocesano de Barcelona.

Napoleón Bonaparte, c. 1811.

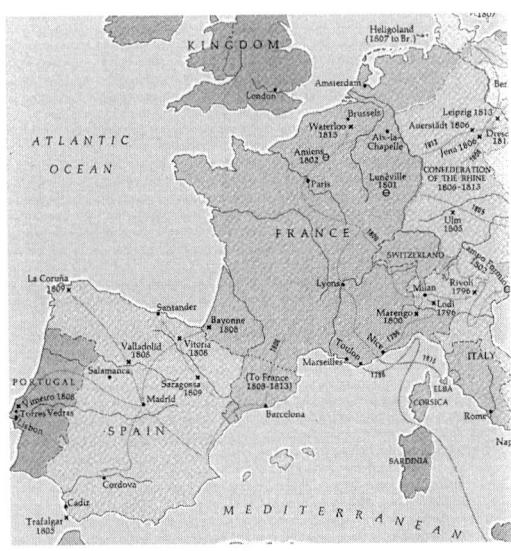

Guerra del Imperio Napoleónico en Europa.

En 1807 Carlos IV cedió la corona de España a Napoleón.

Frailes predicando la independiencia. Entre 1808 y 1814 el pueblo español se enfrentó a los ejércitos invasores de Napoleón.

Francisco Mayoral Rodríguez nace en Ávila en 1781. Grabado de José Reinoso y litografía de Ginés Ruiz. 1850

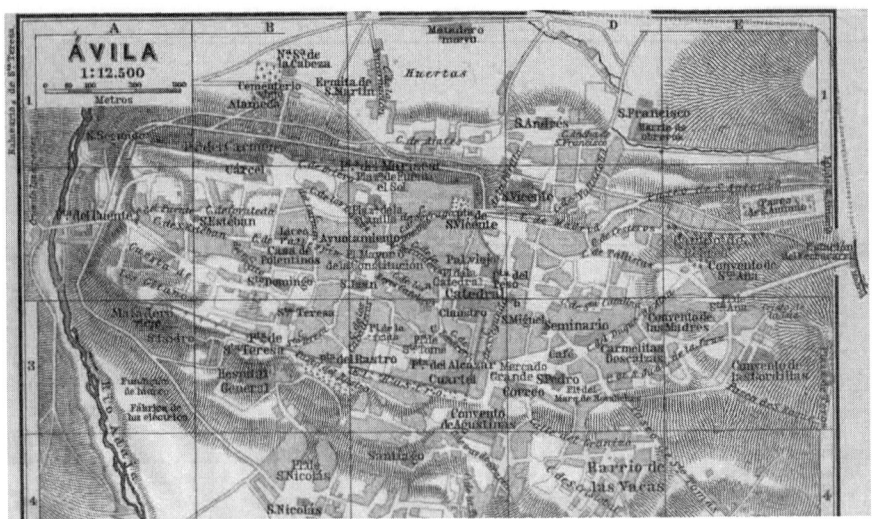

Francisco Mayoral es bautizado en la iglesia de San Pedro de Ávila. Karl Baedeker, *Handbook for Travelers*, Leipzig, 1901.

Vista actual de Ciudad Rodrigo.

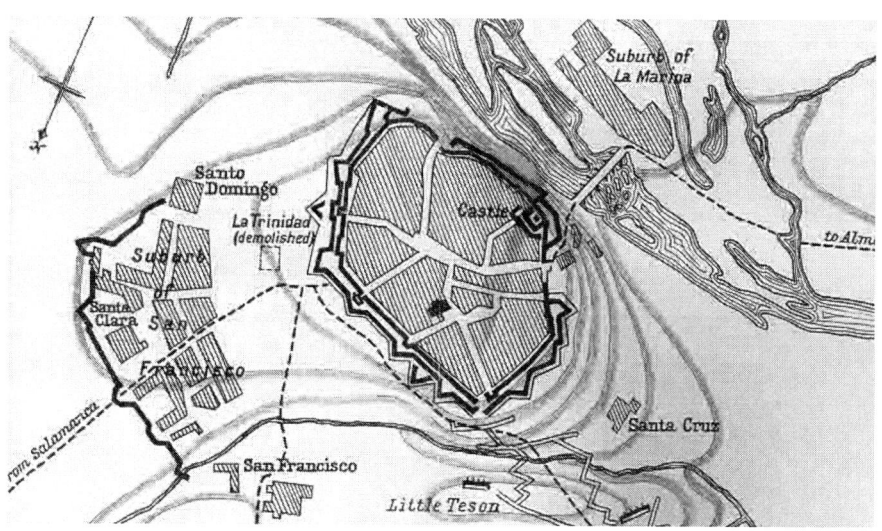

Ciudad Rodrigo. Asedio de las tropas napoleónicas entre mayo y julio de 1810. B.V. Darbishire, Oxford, 1907.

Escudo de armas del Regimiento de Infantería del Príncipe llamado El Osado, bajo el cual luchó el sargento Francisco Mayoral durante la Guerra de la Independencia.

La plaza de Ciudad Rodrigo capituló el 10 de julio de 1810 y el sargento Mayoral es hecho prisionero.

El rey José Bonaparte, apodado "Pepe Botellas". En el puente "dos españoles que se hallaban al servicio del Rey botellas nos mandaron hacer alto... de suerte que aquellos traidores españoles conocieron que éramos desertores... determinaron de atarnos y conducirnos a Bayona".

El prisioneron Francisco Mayoral inicia su periplo por Francia al cruzar la frontera por Irún.

La primera estancia de Mayoral en territorio francés tuvo lugar en el hospital de Bayona.

II

RELATO DEL FALSO CARDENAL ESCRITO POR EL MISMO FRANCISCO MAYORAL

Todo empezó en Ciudad Rodrigo. La obsesión de ser religioso

El relato de la aventura de Mayoral, falso cardenal de Borbón, empieza así:

«Se comenzó esta historia en el mes de agosto del año 1810 y se concluyó en el día 17 del mes de abril de 1814.

»Su autor y ejecutor es el sargento primero Francisco Mayoral del tercero (regimiento) de Ciudad Rodrigo, natural de la ciudad de Salamanca, de estado casado, de edad (cuando comenzó a engañar a la nación francesa) 30 años. Escrita esta "vida" en Barcelona el 22 de febrero de 1816. La graduación de Mayoral, según los archivos militares consultados, era de sargento primero con grado de subteniente del tercer batallón de Ciudad Rodrigo. Este batallón o regimiento fue disuelto después de 1810.»

Y prosigue la narración de Mayoral: «¡Amado lector! Habiéndome prometido dar una relación individual de la buena y mala vida que yo he tenido en Francia, abandonando el estado militar por el de religioso franciscano y ascendiendo con mis travesuras al grado de Cardenal de Borbón, como verá el amado lector.

»Para comenzar de explicar lo referido, es menester que el lector me perdone las faltas e indiscreciones que contengan en mi escritura y esperando este favor, comienzo del modo siguiente:

»Habiendo sido prisionero de guerra en el día 10 de julio del año 1810 en la plaza de Ciudad Rodrigo fuimos conducidos a Francia con la mayor inhumanidad que el lector pueda imaginar. Al llegar a la ciudad de Bayona me fue preciso quedarme enfermo; en donde me condujeron al Hospital. Estuve 15 días. Al completo de ellos me dieron el alta. Por mi depósito que era Mulen en Borbone salgo de la ciudad de Bayona en compañía de 6 sargentos, algunos soldados y como cosa de 10 a 12 frailes valencianos y catalanes. Yo no les comprendía cosa alguna.

»Sucedió que llegando a los pueblos del tránsito todo el mundo les daba a los frailes dinero, camisas, zapatos, y todo cuanto necesitaban. Después nos llevaban a la cárcel. A los frailes les llevaban de comer; al pobre Morral soldado, ni aún agua le querían dar: le cerraban la puerta.

»Yo —decía— juro por mil diablos que más tienen los frailes que no tenga el desgraciado soldado. ¡Juro a Dios! que si ahora fuera, fraile yo me hubiera armado. Pero si por segunda vez soy prisionero fraile me fecis.

»Llegamos de esta manera a la villa de Pau, donde procuré quedarme en el hospital, para dejar la compañía de los frailes que por dicha causa tanto me incomodaba. Lo logré en efecto y a los tres días se me presentó un oficial de mi antiguo regimiento del "Príncipe", llamado Joaquín Rodríguez, con quien tomamos la resolución de fugarnos a España, como en efecto lo ejecutamos: mas al pasar el puente de San Juan de Luz fuimos detenidos.»

Sintetizando, el sargento Mayoral fue hecho prisionero en Ciudad Rodrigo el 10 de julio del año 1810. Fue enviado a Bayona y allí enfermó, de modo que lo llevaron a un hospital en el cual observaba que los frailes eran mejor tratados. Por esto mismo se prometió que si lo apresaban de nuevo él se haría pasar por fraile. De Bayona pasó a Pau de Francia, y con su compañero soldado Joaquín Rodríguez pretendieron fugarse para dirigirse a España pasando el puente de San Juan de Luz, pero con tan mala fortuna que fueron detenidos. Así nos dice el relato: «Dos soldados españoles nos mandaron hacer el alto; después de acercarnos a nosotros preguntaron por los pasaportes y nos preguntaron también de dónde veníamos y a dónde íbamos; yo les dije que veníamos de Bayona y que éramos de Ciudad Real. De consiguiente, el caballero oficial, siendo una criatura sin experiencia, luego perdió el color y mutándose todo, de suerte que aquellos traidores españoles conocieron que éramos desertores desde luego. Determinaron el tratarnos con rigor. Aunque yo les ofrecía algún dinero, nada los pude convencer: determinaron de atarnos y conducirnos a

Bayona. Aquí fue nuestra infeliz desgracia: seguimos a Bayona atados como unos cristos (sic). Yo le dije al caballero oficial (Joaquín Rodríguez):

«- Usted seguirá su dictamen, que yo seguiré el mío.

»Pues de consiguiente ya se acordarán ustedes, que he jurado que si segunda vez soy prisionero, que fraile me fecis.

»Nos presentaron al comandante de armas y me hace las preguntas siguientes:

- ¿Qué estado es el de ustedes?

»Yo le respondo sin la menor detención:

- Yo soy religioso francisco (sic, equivale a franciscano) subdiácono llamado Fray Francisco Hernández.

»Hace la misma pregunta al caballero oficial; le responde:

- Yo soy un alférez de regimiento del Príncipe de infantería.

»Nos dice que cómo se llamaba la villa de donde nos habíamos desertado. Le respondí que no sabíamos. De suerte que viendo que no sacaba cosa alguna, ordenó que el religioso fuese conducido a la cárcel civil y el caballero oficial al castillo. Nos coge un gendarme a cada uno y nos conducen a nuestro destino.

»Como ustedes ven, salimos de la casa del comandante el señor oficial y los dos gendarmes. Nos despedimos y repartimos el dinero que nos había quedado. Cada uno marcha a su destino. Llego a la cárcel y me sale a recibir el carcelero y el gendarme le dice: «aquí tienes un religioso que se había desertado para ir a su patria, y los mismos españoles le han presentado. Te cuidarás lo que puedas hacer con este miserable diablo.

»El carcelero me conduce a la cocina en donde le hace relación a su mujer y se compadecen de mi desgraciada suerte. Haciendo yo el «mon Dieu» y pensando cómo saldré con mi fraylada, a poco se levanta la carcelera y me dice:

- No esté V. triste, que haremos todo lo que podamos.

»Me da una taza de caldo y un plato de guisado, y me pone una botella de vino con mi pan y me dice:

- Viniendo la sor a traer comida a los presos, la llamaremos y no le hará falta nada.

»Estando comiendo, llama la monja, y sale el carcelero a recibirla y le dice:

- Ma sor, sor ¿no sabe V. que tenemos en la prisión un religioso francisco español muy jovencito?

»¿Qué hace la religiosa?: Sin dar la comida, inmediatamente se viene a la cocina a donde yo me hallaba, y viene a mí y me agarra la mano, y comienza:

- Oh mon Dieu, oh mon Dieu, hermano mío, cómo ha sido la desgracia que le hayan cogido. ¡Ah franceses malvados! ¡Cómo anda la pobre religión!»

»Y apretándome la mano dice:

- No hay más que conformarse con la voluntad de Dios. Le prometo —dijo la monja— que como religiosa, en el tiempo que esté aquí, no le faltará cosa ninguna y además yo voy a hablar al señor comandante de la gendarmería para que lo deje descansando algunos días que se quede en esta ciudad.

»Le dice al carcelero:

- Al Padre le pondrás un cuarto de separado y una buena cama; le darás todo cuanto necesite que yo respondo de todo.

»Echando yo unos suspiros tan tiernos con mi cabeza vaga, las manos cruzadas, que parecía un santo. Me dice:

- No esté V. triste, padrecito, que todo lo compondremos. Me voy, no tardaré en volver. Ponle la cama para que se mude en yo viniendo.

»Se marcha y el carcelero me dice:

- V. no sea tonto, pídale lo que necesite que no le faltará nada.

»Y yo reflexionando entre mí y pensando que no me iba muy mal por el primer día de mis enredos, y decía:

- ¡Cuánto es mejor la vida de los bigardos de los frailes que la del miserable soldado! Pues seguiré con mi enredo, que no me parece malo.

»A poco rato que se había ido, que vuelve la referida monja. Yo ya me hallaba en mi cuarto, y entra y me trae dos camisas, un pantalón, dos chalecos, dos pares de medias, una chaqueta de lana, una sotana a lo francés, cuatro pañuelos, un sombrero al uso de Francia, y un collarín a lo francés.

»Y ya me tienen ustedes hecho un capellán francés de un triste sargento. Después llamo al barbero y me hago afeitar y abrirme un cerquillo que parecía media fuente. Yo solo entre mí decía:

- Válgame Dios, si me vieran en España mis jefes, mis parientes, se quedarían tontos al ver que tan pronto había estudiado latín.

»Sigamos, pues con nuestra monja. Nos quedamos solos y me dice:

- Padrecito, no le encargo otra cosa más que no esté triste. Mañana yo haré diligencias con mi compañera, que tiene mucho conocimiento con el comandante de armas, para que se quede Vd. aquí, si es posible. No se detenga Vd. en pedir todo lo que necesite al carcelero, si le acomoda chocolate por la tarde, lo mismo, ya que yo respondo de todo. Y cuando Vd. salga de aquí, ya llevará Vd. todo lo necesario, no tenga pena ninguna. Yo me voy. Mañana vendré con mi compañera y le daré a Vd. la razón que hayamos alcanzado del comandante. No le encargo más que duerma bien hasta mañana.

»Se va.

»Amado lector: qué pensamientos eran los míos al verme obsequiado y favorecido de aquella religiosa, y verme vestido de aquel traje. No les puedo decir otra cosa que no hacía más que mirarme al espejo, y decir:

- ¿A dónde te has ido, biricú (sic), cartuchera y mochila? ¡Qué diferentes son los hábitos que tengo a los del militar! Pero creo y veo que son mejores los que poseo que los que traía anteriormente.

»Y, señores, al día siguiente, se presenta la religiosa con su compañera. Serían las ocho de la mañana, y se van a mi cuarto, me saludan y me agarran de la mano y me dicen:

- El señor comandante me ha dicho que se quedará Vd. aquí hasta que vengan algunos religiosos, aunque tarden un mes. El quedarse no puede ser, por estar tan cerca de la frontera.

»Echa mano la compañera al bolsillo y me da dos duros y me dice que ya me vendrá a ver a menudo. Que se lo dirá a algunos eclesiásticos para que viniesen a verme. Lo que a mí no me acomodó mucho por si se descubría el ajo.

»Pero no obstante, yo cobré ánimo a seguir mi papel. Las religiosas se marchan y me quedo solo, considerando mi buen pensamiento el haber mudado de estado.

»Serían las once de la mañana, cuando dos capellanes se me presentan a visitarme aquí. Yo me quedé muerto por si me hablaban latín. Pero la casualidad y mi fortuna, que hablaban y me hablarán en castellano. A su despedida, cada uno me dejó cuatro duros. Yo decía, para mí: ¡no falten estas visitas!

»Y para no cansar al lector, le diré que estuve en la cárcel diez días, bien regalado con mis monjas. Al tiempo de mi departe, una maleta bien provista de ropa, y en libertad, y con la suma de 300 reales que había recogido de los curas y de mis monjas.

»Salgo de aquella ciudad para el depósito de Momedi en compañía de 26 curas, frailes y coristas.»

En Cahors. La mala suerte del órgano

«Salimos de la ciudad de Bayona una cuadrilla de bigardos, que por donde quiera que íbamos parecía una comunidad, pues no nos faltaba cosa ninguna en el camino. Todo el mundo se compadecía de nosotros. Sólo yo me retiraba, porque me querían hacer rezar con ellos, y yo me retiraba a un rincón con mi breviario a hacer que rezaba, siempre recelándome por si el mejor día fuese descubierto.

»Llegamos a la villa de Cahors en donde determiné dejar la compañía de los religiosos, por lo que podía suceder, y me fui al Hospital. A los dos días que me hallaba allí, conocí que las religiosas me habían cogido algún interés, y que me di en levantar. Me entretenía en visitar a los enfermos y auxiliar a los españoles a la hora de la muerte, de suerte que las monjas me tenían por un santo. No me faltaba más que dormir con ellas.

»A cosa de 8 a 10 días de estar en el Hospital, que vino un día el Vicario General en tiempo que yo me hallaba en la capilla haciendo oración. Como yo hacía tan grandemente el hipócrita y santurrón, el Vicario General va a la superiora y le dice:

- ¿Quién es ése, aquel santico que se halla haciendo oración en la capilla?

»La religiosa le dice:

- Es un religioso franciscano subdiácono, es un santo, todo a Dios, señor Vicario General.

»Me mandan llamar. Yo muerto de miedo, por si me hablaba latín. Entro con la cabeza como un novicio, y le saludo y me dice:

- Hábleme Vd. español que yo comprendo un poquito.

»Me hace las preguntas de cómo fui prisionero y el tiempo que llevaba de religioso, y en qué me entretenían en el convento. Yo le dije que era organista y fautor de órganos, de suerte que me dice:

- ¿Vd. nos querrá componer el órgano de la Catedral?

»Yo por no volverme atrás de mi palabra, le dije:

- Sí, señor.

»Me dice:

- Yo haré las diligencias para ver si puede quedarse aquí, y luego hablaré al señor obispo para alcanzar su paga y ver cómo hemos de componer todo lo referido.

»Las religiosas que se hallaban presentes fue tanto lo que se interesaron con el Vicario, que se marchó al instante a hacer todas las diligencias que había prometido.

»Al día siguiente, que viene el Vicario, serían las dos de la tarde, y me mandan a llamar y me dice:

- Dn. Francisco, tiene Vd. la permisión de quedarse en esta villa, del señor comisario de guerra y del comandante de chandarmería. Puede Vd. salir cuando quiera a paseo sin ningún recelo, pues hablando a mi Señor el obispo para la composición del órgano, me ha dado todas las facultades señalándole tres pesetas diarias por pronto, y en concluyendo se le dará una gratificación. Mañana irá Vd. conmigo al órgano para conocer lo que necesita y ver lo que Vd. necesita de herramientas para buscarlas o darle dineros para comprarlas.

»Quedamos conformes. Entra una religiosa llamada la sor Rosalía, y dice:

- Padre, ¿ha concluido Vd. con el señor Vicario General? Que el nº 27, es español, y se está a la agonía de la muerte, véngale a auxiliar.

»El Vicario, oyendo tal relación, me dice:

- Vaya Vd. a ganar esa obra de misericordia.

»Quedamos hasta mañana a las 10. Lo que yo deseaba era salir de allí, pues me hallaba lleno de confusiones el ver en el berenjenal que me había metido el tener que componer un órgano, que en toda mi vida las he visto más gordas. No hacía otra cosa más que pensar y cavilar cómo habría de seguir mi papel. En fin, al día siguiente, me voy a casa del referido vicario general, le saludo y a poco rato, nos vamos a la catedral, en que se hallaba allí el organista.

»Yo haciendo mi papel, comienzo a tocar el órgano y a sacar y meter registros y a poner veinte mil faltas, diciendo al organista:

- Está muy desafinado, está echado a perder.

»Abro los conductos y saco los cañones que estaban llenos de polvo hasta la boca, y telarañas, y le decía al Vicario General:

- ¿Ve usted? Todo esto le daña y le quita la afinación. Ya estoy enterado de todo, señor Vicario General.

»El organista se queda cerrando el órgano y el Vicario y yo nos retiramos a su casa. Y me dice:

- ¿Qué es lo que necesita Vd. padre, para comenzar la obra? Pida Vd. lo que necesite que le daremos dineros para que compre lo que le haga falta.

»Viendo yo tal ofrecimiento, le dije:

- Puede Vd. darme 600 rs. (reales), que tengo que comprar varias cosas y herramientas, como juntamente le digo a Vd. que necesito un español de los que se hallan en este Hospital, para que me ayude y haga lo que yo le mande.

»Me dijo que escogiese el que mejor me acomodase. Me da los 600 rs. y me retiro.

»En el Hospital busco a un sargento llamado Álvaro, y le digo:

- ¿Querrá Vd. venir conmigo a componer el órgano? Haré por donde le paguen a Vd.

»Y me dice:

- Sí, señor, iré a donde Vd. me mande.

»Después de comer salimos del Hospital y nos vamos a comprar algunas herramientas, unas pieles y cola, y después nos vamos a correrla, que hacía algún tiempo que no la había corrido. De los 600 rs. gastaría algunos tres o cuatro duros.

»Al día siguiente comenzamos a desbaratar el órgano. Viene el Vicario General y le señala al español una peseta diaria. De suerte, amado lector, para no molestar a Vd. le diré que desbaraté el órgano sin que le quedase un cañón, que parecía un ejército. Todos los eclesiásticos, y el Vicario General, y varios señores principales que venían a ver la obra, decían:

- Válgame Dios, qué talento y cabeza necesita para volver a colocar todo en su lugar.

»Decían:

- El español es un puro ciencia.

»No les puedo decir otra cosa más por no molestarles a Vdes. que duró la compostura cuatro meses, y viendo el Vicario General que cada vez estaba más echado a perder, me llamó a su casa y me dice:

- Padre, Vd. nos ha engañado y nos ha hecho un grande gasto. No le queremos hacer ningún daño. Determine Vd. el salir de la villa luego.

»Me salgo sin saber qué responder, y me voy al Hospital. Cojo la maleta y la llevo en casa de unas mujeres que conocía, que era donde yo me divertía. Después voy a casa del comisario de guerra y le pido el pasaporte, me lo hacen y me voy en casa de las consabidas y me quedo dos días en su compañía, divirtiéndome. Salgo de la villa de Cahors a Briva la gallarda (sic), departamento de la Corsa. Salgo bien enfangado y con algún dinero. La distancia de Cahors a Briva la Gallarda eran 30 leguas. Allí verá el amado lector los pasos tiernos y el principio del cardenalato.»

Comentarios

1/ En cuanto al dinero, Mayoral se hace un verdadero lío: al principio usa «reales», pesetas y duros si hacemos caso de sus declaraciones al Tribunal del Santo Oficio. Después prefiere usar la palabra «francos»: «pensión de 10.000 francos por año» es la cantidad que recibe su amante de Amabili de su pretendido padre el obispo de Limoges como veremos. El falso cardenal promete a los criados de Amabili una pensión de 2.000 francos y él espera recibir de la casa real de España 80.000 francos. Amabili le concede «tres luises de veinticuatro pesetas».

2/ Hemos investigado quién era el obispo de Cahors y si hay referencia en el archivo del desastre que Mayoral provocó en el órgano, y es cierto que hay indicios de que en aquellos años se gastó una fortuna para el órgano de la catedral. Referente al obispo de Cahors, sabemos que en los años 1810-1815 era Guillermo Baltasar de Grainville (diócesis de Rouen). Fue nombrado obispo de Cahors por Napoleón el 12 de julio de 1805. Fue ordenado obispo en París el 1 de agosto de 1802 y murió el 2 de marzo de 1828.

3/ Mayoral nos dice que frecuentaba los prostíbulos. Esto debía provocar un escándalo para quienes creían que era franciscano.

4/ Mayoral desconocía el latín, y por esto se escapaba cuando su compañeros eclesiásticos leían el breviario en común. No sabía el rito de la misa, ya que algunos contemporáneos suyos declararon que a veces leía la oración por la epístola y siempre en voz muy baja. No sabía catalán y poco sabía de francés, aunque lo entendía. Mayoral declaró a la Inquisición «sabe leer y escribir y que no ha estudiado en ninguna facultad, sino que únicamente se ha dedicado por afición a la música y que las primeras letras y el escribir lo aprendió en Salamanca».

En Brive con su amante la señorita Amabile

Continúa el relato de Mayoral en Brive en donde se hizo pasar por cardenal y tuvo relaciones íntimas con una señorita de la nobleza llamada Isella Amabile que, según ella misma, era hija del obispo de Limoges. Llega a Cahors huyendo del fiasco de la destrucción del órgano de la catedral, pero con una suma considerable de dinero que el mismo vicario general de Cahors le dio exigiéndole que no hiciera quedar mal a la diócesis que tan ingenuamente había confiado en él. El relato es el siguiente:

«Llego a la referida villa de Briva y me presento al subprefecto y le pido mi alojamiento. Me lo da, y aquella noche me informé de que si era bueno el hospital. Me dice que sí, que es de religiosas muy caritativas.

»El día siguiente, me levanto y me voy en casa del subprefecto y le digo que si me hace el favor de darme la baja, porque me hallaba algo molesto del camino. Él inmediatamente me da la baja, y me conduzco al Hospital. Me presento a una religiosa y me recibe con mucho agrado. Me pregunta qué mal traía. Yo le respondía que iba cansado del camino. Me conduce a la sala y me pone en una cama muy buena y a poco rato me da un poco de caldo. Aquella misma tarde viene un hijo de Barcelona llamado José Balemania que se hallaba de intérprete. Después de saludarme, me dice:

- Padre, me han dicho los enfermeros que toca Vd. muy bien la guitarra y que es un buen músico.

»Yo le respondo:

- Yo lo que toco es el fuerte piano y el arpa, la guitarra no es cosa.

»Me dice:

- ¿Quiere Vd. ir el domingo en casa de una señora principal que toca muy bien el fuerte piano y se alegrará mucho el tener el honor de conocer a Vd.?

»Yo le dije:

- Estoy pronto a acompañarle a Vd. a donde Vd. quiera.

»Quedamos conformes con que el domingo iríamos en casa de la señora Madame Isella Amabili.

»Viene el domingo, y después de vísperas nos salimos y nos conducimos en el palacio de la referida señora. Llegamos. Nos sale a recibir la señorita con mucho agrado y nos conduce a su gabinete en donde el caballero español hizo todos los cumplimientos que cabían de educación, dándole las excusas de mi presentación, y diciéndole que era un gran músico.

»La señora, alegrándose mucho de conocerme, inmediatamente llama a la doncella, y le dice que traiga un poco de licor y unos bizcochos. De consiguiente, nos los trae y nos sirve muy bien. Después de concluido, la señorita me dice:

- Padre, cuando Vd. guste, iremos al fuerte piano.

»Yo le dije:

- A sus órdenes de Vd., señorita.

»Nos levantamos y la señorita nos conduce a un gran salón de música en donde se hallaban varios instrumentos vocales y dos fuertes pianos, y me dice:

- ¿En cuál quiere Vd. tocar, padre? De los dos, el uno es de París, y otro de Londres.

»Yo le dije en el mejor. Me puse a tocar en el de Londres varias canciones patrióticas, algunos valses y contradanzas, y una obertura.

»Después de haber tocado lo referido, me levanté y molesté a la señorita para que tocase a lo que no quiso, y me dijo:

- Yo no soy capaz de ponerme a tocar delante de un gran maestro.

»Volviéndola a porfiar y viendo que no podía conseguir el oírla su habilidad, nos retiramos otra vez al gabinete. Se terciaron varias conversaciones sobre la guerra.

»El caballero español, viendo que se le hacía tarde para sus ocupaciones le dice a la señorita:

- Madame Ysella, yo me retiro con su permisión de Vd. pues mis ocupaciones no me permiten tener el honor de disfrutar más tiempo de su amada compañía. El padre puede tener ese honor que no tiene cosa que le impida, ni ninguna obligación con el bien entendido que no le sirva a Vd. de incomodidad. Creo que el padre será gustoso el pasar la tarde en compañía de Vd.

»Yo le respondo con una grande humildad como yo acostumbraba:

- Para mí será mucho honor el disfrutar de la amable compañía de mi señora, siempre que no le sirva de incomodidad.

»Pues responde:

- Al contrario, padre, seré gustosa en que tenga Vd. la bondad y el mortificarse en hacerme compañía.

»De consiguiente, para acabar en pocas, el español se marchó. Yo quedo con mi señorita. Me hace varias preguntas: cómo he sido prisionero y el tiempo que llevaba de religioso. Contestándole yo a sus preguntas. Habiendo pasado un rato, me dice:

- Padre, ¿verá Vd. gustoso de aceptar la propuesta que yo le haga a Vd.?

»Yo le respondí:

- Creo, señorita, que no la deberé rehusar pues siempre será en mi favor, en una señorita tan virtuosa, no cabe malicia alguna.

»Me responde:

- No, señor, ¿sabe Vd. cuál es? La siguiente: que si será gustoso de disfrutar de mi compañía.

»Pues yo le respondo:

- Mi gusto sería en el mismo el tener el honor de disfrutar de una compañía tan virtuosa y amable, pero vea que no soy dueño de mi libertad, y me hallo cautivo, sujeto a la voluntad del gobierno.

»Me responde:

- Yo sólo quiero saber si será gustoso, que lo demás corre de mi cuenta. Dígame Vd. sí o no. Viendo el grande interés que Vd. ha cogido a mi desgraciada suerte, no puedo menos que decirle que su voluntad es la mía. Pero sólo quisiera el saber de Vd. cuál era el interés que Vd. ha cogido a mi persona.

»Me dice:

- Ya lo sabrá Vd. Váyase al Hospital y no salga después de la cena a pasear que yo voy a hacer las diligencias de su permisión para quedarse en mi compañía. Creo lo alcanzaré. Y así le noticiaré esta tarde mismo lo que haya en el particular. El criado le acompañará a Vd.

»En efecto, amado lector, salgo del palacio (de madame Isella Amabili) acompañado del criado para el Hospital. Llegamos al Hospital, y el criado se vuelve a su palacio. Entro en mi cuarto y viene la sor Besi (sic) y me dice:

- Padre, ya sé que ha estado Vd. de visita en casa de Madame Ysella Amabili. Crea Vd. que es una señora muy virtuosa y de las principales de la villa. También sé que toca Vd. muy bien el piano y que es un gran músico, ya que me lo ha dicho D. José.

»Se retira la religiosa y me quedo solo en mi cuarto.

»¡Qué cavilaciones, amado lector, eran las mías al ver el interés que aquella señorita había cogido a mi persona! Yo decía para mí: por virtud y caridad es mucho, por mi modo de tocar y habilidad ¡qué sé yo!, por buen mozo, tampoco, porque soy más feo que el andar de pie (sic).

»Estando en mis cavilaciones, que serían las 6 de la tarde en el mes de diciembre del referido año, que viene una religiosa a mi cuarto y me dice:

- Monsieur Franmi, baje Vd. al cuarto de la priora que le aguardan.

»Bajo, y me encuentro con la Mere, el comandante de la gendarmería y madama Isella Amabili, su doncella y el criado. Les saludo y mandan sentar. El comandante de gendarmería me dice lo siguiente:

- Dn. Francisco, tiene Vd. la permisión de constituirse en casa de madama Isella Amabili, encargándole a Vd. no la dé ningún sentimiento, pues esta señorita responde de Vd. con sus bienes y persona y por lo mismo esperamos de Vd. como un buen religioso se porte.

»Y yo le dije no es mi carácter ni mi estado para que pueda dar un sentimiento a una persona que me hace tanto bien. Madama Isella le dice a la priora que bajen la maleta del padre. En efecto, la bajan y madama se la da al criado y lo manda de ir para el palacio. Nos despedimos de las religiosas y del comandante de la gendarmería. Luego salimos.

»Llegamos al palacio. Al tiempo de subir las escaleras, le digo en un tono compasivo:

- Permítame Vd. señorita, que le coja la mano para subir la escalera.

»A lo que me responde:

- Suba Vd. delante que no me permito yo que un religioso ejerza oficio de criado.

»Le dije:

- No puedo permitir tanta libertad, señora.

»Me replica:

- Suba Vd., pues lo mando.

»Yo respondí:

- Obedezco pues subo delante.

»Y nos conducimos a su gabinete.

»Después que la doncella desnuda a la señorita del traje que llevaba y le puso el de estar en casa, se viene al gabinete y me dice:

- Vd. está triste, padre, el estar en mi compañía.

»Y yo la respondo:

- No, señora, sino al contrario que estoy recompensando al Señor de los cielos y tierra de los beneficios que me hace juntamente pidiéndole le conserve la vida a Vd. muchos años por tan grande caridad que hace con este infeliz religioso.

»Me responde:

- No hago cosa que no me toque la humanidad, pues crea Vd. que no lo recibo en mi compañía por criado, sino por gran interés que he cogido a su persona, apenas tuve el honor de verle.

»Yo le dije:

»No sé qué interés le moviese a Vd. mi persona, pero creo que todo dependerá de la mucha virtud y caridad que reina en su corazón.

»Me dice:

»No se mortifique Vd. Vamos a cenar y luego hablaremos.

»Toca una campanilla, viene su criada, y manda preparar la mesa.

»Nos ponemos a cenar, y yo notaba en la señorita que me ponía lo mejor a mí y no hacía sino hacerme muchos obsequios. Yo decía para mí en qué pararán tantos obsequios. Qué cavilaciones eran las mías, amado lector, el decir que un triste sargento se llevaba.

»Concluyendo de cenar, me dice:

- Padre, quiere Vd. que le diga cuál ha sido el interés que mi corazón ha puesto en su persona.

»Yo le respondí:

- Seré gustoso el saberlo.

»Me dijo:

- Sepa Vd. que su humildad, su conversación religiosa, su modestia y en fin, no sé qué decirle, pues desde la hora que le vi a Vd. mi corazón puso un gran interés y así puede Vd. disponer de mis bienes pues no pienso el abandonarle.

»Toca la campana y viene la criada y le dice:

- Harás una cama al gabinete que está al costado del mío, una cama que no sea diferente de la mía, lo harás al instante.

»A poco rato vuelve la criada y dice que todo está compuesto. La señorita me dice:

- Nos iremos a recoger, que ya es tarde, padre.

»Pues, con efecto, la señorita se levanta para ir a su gabinete y yo le digo:

- Me permitirá que la acompañe hasta su gabinete.

»Le cojo de la mano y le acompaño. Le digo:

- Le felicito a Vd. una buena noche y un buen reposo.

»Y ella me dice apretándome la mano, en que luego yo ya conocía del pie que cojeaba:

- Lo mismo.

»Llama a la criada y le dice:

- Acompaña al padre a su gabinete.

»Nos volvemos a saludar y me salgo acompañado de la Manriquita, que se llamaba la criada, ¡y no era mala moza! Me abre el gabinete y me encuentro en una posesión que me parecía un paraíso. Toda pintada, y una cama que parecía como si fuera un príncipe. Viene la criada y trae el calentador y me calienta la cama.

»Yo cojo mi breviario y me pongo a rezar y a ponerme de rodillas y a hacer veinte mil ceremonias de besar la tierra, ponerme en cruz. La muchacha no hacía otra cosa más que mirar. Conociendo yo que ya estaba la cama caliente le dije que no se molestase. Me dice que si se me ofrecía alguna cosa, que tocase una campanilla que había en un bufete.

»Me quedo solo considerando en la posesión que me hallaba y en los obsequios de la señorita. Pues me meto en la cama que parecía un sepulcro de hermosura. Lo mismo fue echarme que quedarme dormido. Serían las cuatro de la mañana, que me da gana de toser y como el gabinete de la señora daba al costado del mío y no había más que una pared de madera, la señora oyéndome toser toca a la pared dos o tres veces, yo la correspondía con los mismos golpes. ¡Qué pensamientos eran los míos!, amado lector, cuando los golpitos, yo decía para mí: ya te he comido la partida. Creo que te comeré el pan y te cagaré el morral, pidiendo perdón de mi mal modo de hablar.

»Pues serían las 6 de la mañana, cuando oigo levantada la señorita. Yo inmediatamente me levanto y toco la campanilla. Viene la criada y me dice qué se me ofrece. Le digo que me traiga agua para lavarme y le pregunto:

- ¿Se ha levantado la señorita?

»A lo que me responde:

- Sí, señor. Ya me ha preguntado por Vd. Creo que aquí viene.

»Entra madame Isella y me dice:

- Buenos días, padrecito, ¿ha descansado Vd.?

»Yo le respondo:

- Sí, señorita, ¿y Vd.?

»Me dice:

- Yo no he dormido mucho.

»Me dice:

- Diga Vd. su breviario, que le aguardo a tomar chocolate.

»Se retira. Yo cojo mi breviario y me pongo a hacer oración y a hacer el santurrón.

»Me estoy como cosa de media hora y salgo y me conduzco al gabinete de la señorita, la saludo y me manda sentar a su lado. Toca una campanilla y viene la doncella y nos trae el chocolate y le dice a la criada que vaya a llamar al sastre.

»Concluimos de tomar el chocolate y viene el sastre y le dice:

- Al padre le hará Vd. sin detención una levita del mejor paño que haya en la villa y una sotana para ir a la iglesia de la anchura como los capellanes de esta villa; un par de calzones del mismo paño, y un chaleco. Lo quiero todo para pasado mañana.

»El sastre me toma la medida de lo referido y se retira. Yo le digo:

- Señorita, no sé por qué ha hecho llamar al sastre, pues ahora no necesitaba ropa.

»Me dice:

- Es mi gusto, y quiero que digan que el religioso que está con madame Isella Amabili que va vestido al uso de la villa. Dígame Vd.: así que después de comer me pondrá Vd. una lección de piano de lo que tocó Vd. ayer o la primera obertura que está muy bonita.

»Yo le dije:

- Cuando Vd, guste, estoy pronto a obedecerla en todo cuanto me mande.

»Después me dice:

- Tenga Vd. dinero, por si va Vd. al Hospital y quiere hacer alguna limosna a sus compatriotas.

»Yo no lo quería coger y me hizo coger a la fuerza tres luises de veinticuatro pesetas y que le avisase cuando no tuviese. Nos ponemos a comer, y después de la comida nos vamos al fuerte piano. Le pongo la primera obertura, y algún vals. Lo aprendió en poco rato.»

Comentarios

1/ Sobre las enfermedades de Mayoral durante su estancia en Francia, podemos decir que son muchas veces excusas para salir de algún atolladero… Cierto es que sufría ataques de apoplejía y posteriormente, cuando estaba en las cárceles del Tribunal de la Inquisición, tuberculosis.

2/ El grupo de investigadores del Archivo Diocesano de Barcelona intentó aclarar quién era la enigmática Isella Amabile, pero el resultado fue en gran parte negativo. Era, sin embargo, muy conveniente para nuestro estudio encontrar algo que nos acallara nuestra curiosidad, referente al personaje femenino o sea, la señorita Amabile, hija natural del obispo de Limoges, según ella asevera y de la que Mayoral tan profusamente nos describe en su autobiografía. Pero he aquí que en un último intento —no compartido por la totalidad del grupo— incluso visitamos el cementerio de Brive. Revisamos el registro de los enterrados y dimos varias vueltas por los recintos donde se hallan las tumbas. ¡No aparecía –como hemos dicho– rastro de la Amabili!

3/ El otro enigma era el obispo de Limoges. Éste, según el relato de Mayoral, era el padre de la señorita Amabili, amante de Mayoral. Ella misma dijo ser hija natural del obispo de Limoges: «sepa usted —Amabili afirma — que soy bastarda, hija del señor obispo de Limoges, en tiempo de la revolución en Francia. Todos los bienes y hacienda que usted sabe que poseo me los ha dejado con una pensión que usted no sabe todavía, de 10 mil francos por año». Este relato —como ya hemos señalado frecuentemente— fue entregado libremente a la Inquisición por el mismo Mayoral. Una acusación tan grave al obispo de Limoges hubiera representado, si no fuera cierta, un aumento pesante de la pena del acusado por la Inquisición. Además Mayoral se exponía a que la misma Amabili declarase, como así lo intentaron la auditoría del ejército y el mismo Tribunal de la Inquisición. Creemos, por tanto, que es posible que la amante del falso cardenal dijera y se creyera hija natural del obispo de Limoges. ¿Quién era este obispo? A dos personajes les cabe el infortunio hipotético de ser el progenitor de la «señorita» de Brive; señalamos, sin embargo, que no queremos dar un juicio negativo sobre los obispos: se precisaría una investigación más profunda que no la hemos realizado. En concreto consta que pueden ser el obispo de Plessis, o el obispo Dubourg.

Luis Carlos de Plessis y d'Argentré nació en la diócesis de Rennes en 1722. Fue nombrado obispo de Limoges en 1758. Antes había sido vicario general de Poitiers. Era un docto teólogo que había estudiado en la Sorbona. Fue uno de los mencionados obispos que fueron exiliados durante la revolución. Sabemos de él que no quiso dimitir el año 1801. Permaneció en Münster —lugar de su exilio— hasta el 28 de marzo de 1808, fecha de su muerte.

Monseñor Juan Felipe Dubourg fue nombrado por Napoleón obispo de Limoges el 1 de junio de 1802 después del concordato de 1801, a pesar de que su antecesor de Plessis continuaba titulándose obispo de Limoges en Münster. Dubourg nació el 23 de agosto de 1751. Fue canónigo y vicario general de Toulouse durante más de 20 años. Muere el 31 de enero de 1822.

Según esos datos de Plessis, en la revolución francesa tenía 67 años y Dubourg 28. Quizá el primero es el más verosímil posible progenitor de la señorita Amabili. Pero todo son fantasías, lamentables y quizás injustas acusaciones.

4/ Mayoral tuvo relaciones íntimas con Amabile, ya que dice textualmente «…a los 8 ó 10 días la señorita cayó. Así fue tanta nuestra satisfacción…».

5/ Nuestro Mayoral exagera enormemente al hablar de dinero que daba a sus compañeros prisioneros españoles. Eran ellos mismos los que le propiciaban grandes cantidades –recogidas con la promesa de que se les devolvería– para que él pudiera invitarles a banquetes y «vivir como merecía un cardenal».

«Me fingí cardenal de Borbón». La carta procedente de Cádiz

Si tenemos presente no sólo el relato de Mayoral sino también las múltiples peticiones que el Tribunal de la Inquisición envía a Brive para que declarase la señorita Amabile, no podemos prescindir de ese episodio esencial en todo el proceso. O sea, ¿qué ocurrió en Brive?

No cabe la menor duda que existía esta señorita Iselle Amabili en Brive y que aquí empezó la farsa de llamarse cardenal de Borbón. El mismo fiscal acusa a Mayoral: «de que hallándose prisionero en Francia en la casa de la señorita Amabili, en dónde fue introducido, fingió ser el Excmo. Sr. D. Luis María de Borbón, cardenal de Scala». Mayoral así lo confesó también. El testigo primero de la Auditoría del Ejército en su capítulo 12 afirma: «pasó (el testigo) por la villa de Brive, departamento de Coresse, y alojado en casa de un comerciante muy urbano, honesto y afecto a los españoles le contestó éste y su mujer que allí habían tenido tiempo atrás un prisionero español que había sonsacado bastante dinero, suponiéndose ser eclesiástico y, últimamente, el cardenal de Borbón, facilitando o manifestando facilitar el casamiento de una señorita de aquel país con el marqués de Santa Cruz». Mayoral dijo que era verdad en la contestación de estas acusaciones el día 28 de septiembre de 1818. La Inquisición solicitó que esa tal Amabili declarase, pero no logró su intento ni identificarle.

Continuemos, pues, con el relato de Mayoral, que es lo fundamental en la aventura de nuestro personaje y de la incauta e infeliz Isalle Amabile de Brive.

Durante el trayecto hacia Pau, Mayoral se percata del buen trato que reciben los frailes españoles prisioneros: "¡Juro a Dios! Que si ahora fuera fraile, yo me hubiera armado. Pero si por segunda vez soy prisionero fraile: *me fecis*".

Château de Pau.
Al llegar a Pau se hace pasar por enfermo y en el hospital idea la fuga con un elférez español de su regimiento.

Consumado el plan, llegan los dos fugados al puente fronterero de San Juan de Luz.

Tal y como había jurado, al ser interrogado en Bayona, Mayoral manifiesta: "Yo soy religioso 'francisco' subdiácono llamado Fray Francisco Hernández". Ello le aporta el beneficio de ser trasladado a la prisión civil con muchas atenciones; mientras, su compañero, honorable oficial, no miente y es encarcelado en el lúgubre castillo.

Pont Valenté (Cahors).
Tras pasar diez días en Bayona, bien atendido por monjas y curas, el fingido fraile Mayoral parte hacia Cahors.

Antigua posada en el centro de Cahors. Durante los cuatro meses que duró la farsa en esta ciudad, Mayoral cometió otras fechorías: desde administrar la extremaunción a los pobres soldados españoles moribundos, hasta "correrla en casa de unas mujeres".

En el hospital de Cahors se presenta ante el Vicario General como "organista y fautor de órganos"

Catedral de Saint Étienne de Cahors.
Le es encomendada la reparación del magnífico órgano de la catedral, el cual desmontó y dejó completamente descompuesto.

Brive la Gaillarde.
Descubierto el engaño del "organero", aunque no el de religioso, Mayoral se traslada a esta población.

En Brive intima con una gentil dama, en cuyo palacete pasa a residir. Estamos a finales de 1810. Dibujo de una edición autobiográfica de Barcelona (c. 1880).

Mayoral puede que tuviese cierta semblanza física con el cardenal de Toledo. El teniente coronel Fernando Chaparro, en sus declaraciones ante el tribunal de la Inquisisición, afirmaría: "Mayoral parecía tener una edad de treinta y dos o treinta cuatro, poco más o menos, media estatura más bien bajo que alto, muy delgado, pelo y color rubio, ojos azules, nariz largo y acaballada, de modo que su fisonomía es muy parecida a la del Emmo. Sr. Cardenal Arzobispo de Toledo, que le dan unos accidentes epilépitcos que le duran largo tiempo".

Francisco Mayoral vestido de Cardenal. Dibujo de la edición autobiográfica de Barcelona (c. 1880).

El cardenal Juis María de Borbón y Villabriga, arzobispo de Sevilla y Toledo; regente de España durante la Guerra de la Independencia.

«Sucedió un día que después de estar en nuestro recreo, Amabile me dice:

- Padrecito, si Vd. me guarda el secreto, le quiero confiar una cosa, pues no puede permitir mi corazón se la tenga oculta a una persona a la que amo y que conozco que me quiere.

»Pues le respondí yo en un tono amoroso:

- Lo puede Vd. decir que la quiero. No he cogido en mi vida amor a mujer alguna, sino a Vd. y así puede confiarme todo cuanto quiera, pues soy un pozo y no cabe en mi carácter descubrir secretos. Así, señorita, diga lo que sea de su agrado.

»Me dice bajo:

- De supuesto le digo a Vd. lo siguiente: sepa Vd. que soy bastarda, hija del señor obispo de Limoges en tiempo de la revolución en Francia. Todos los bienes y hacienda que Vd. sabe que paseo me los ha dejado con una pensión que Vd. no sabe todavía, de 10 mil francos por año; todo está en disposición de Vd.

»Yo le digo:

- Siento mucho que haya sucedido esta desgracia, pero... como ha de ser, paciencia y conformarse a la voluntad de Dios y darle gracias porque le ha dejado caudales para sus alimentos. Y dígame Vd., señorita, ¿Vd. juzga que yo soy religioso?

»A lo que me responde:

- Sí, señor.

»Pues vive Vd. muy engañada. Soy otra persona de más distinción que un religioso.

»Me dice:

- Dígame Vd. quién es, pues por supuesto que yo he descubierto mi pecho a Vd. creo que está en el orden que Vd. me descubra el suyo. Crea Vd. que aunque soy mujer sé guardar un secreto, que se me confía y así creo son más grandes los secretos y satisfacciones que tenemos entre los dos, que la persona incógnita que sea Vd., y así le pido me saque de cuidado y no me deje confusa.

»Pues yo le digo:

- No es ocasión, ya llegará el día que lo sabrá Vd.

»La dejé con confusión por el término de 8 días.

»Todos los días me mortificaba diciéndome que la sacase de la pena que tenía, que no podía sosegar ni de día ni de noche. Y yo cavilando cómo la sacaría de aquella pena.

»Al ver que iba entristeciéndose y que no comía y que no sosegaba un punto, sino estándome molestando, yo determiné el fingir una carta como que venía de Cádiz para el Cardenal de Borbón. No sé qué demonios me trajo al pensamiento tal dignidad. No decayendo de ello, fingí la carta siguiente:

»"Eminentísimo y serenísimo Señor: después de saludar a su eminencia, con el debido respeto, pasamos a noticiar a su eminencia que hemos tenido carta de la mamá y hermanitas y nos encargan que le noticiemos a su eminencia que por ningún motivo se descubra que es el cardenal de Borbón, que se mantenga incógnito, que andan haciendo las diligencias de ver cómo pueden sacar a su eminencia del cautiverio. Que, por el momento, del señor obispo de Bayona, le remitirán a su eminencia la suma de 80 mil francos, quedando dicho señor obispo con orden que le facilite a su eminencia todo cuanto necesite. Sobre todo no se le encarga otra cosa más que se mantenga incógnito y que no descubra su pecho a persona alguna. Le remitimos ésta por el dador que es un caballero que él mismo se descubrirá a su eminencia. No le mortificamos más a su eminencia de los consabidos del Consejo, Marqués de Mirabel". Fin de la carta.

»Amado lector, ya tengo hecha la carta. Cómo les parecerá a usted que hice para que llegase a manos de la señorita sin que conociese cosa alguna. Pues fue del modo siguiente: me voy al hospital, y llamo al barbero y le digo:

- Martín, tu bien sabes al palacio.

»A lo que responde:

- Sí, señor Dn. Francisco.

»Pues me harás una comisión, guardando el secreto.

»Me dice:

- Todo cuanto Vd. mande.

»Meto mano a mi bolsillo y le doy 10 pesetas y le digo:

- Toma este oficio, vas allá, llamas. Por supuesto te mandarán subir, la señorita dirá que no estoy en casa, te preguntará que qué me quieres, tú le dirás que ha venido un señor de España y que me quería ver. De que ves de que yo no voy, dejas caer el oficio con mucho cuidado, sin que sea notado y donde la señorita lo pueda encontrar. ¿Vas enterado de la comisión?

»A lo que me dice:

- Pierda Vd. cuidado, padre, que saldrá como Vd. manda.

»Yo aguardo en un punto señalado. Mi amigo Martín hace la comisión a lo vivo. Después de haber hecho todo lo mandado se viene al sitio señalado y me dice:

- Todo está hecho al pie de la letra.

»Le doy otro duro más. Quedó contento como una pascua.

»Viendo yo que ya la medicina tenía tiempo para hacer su efecto, me retiro al palacio, subo, me voy a mi gabinete, me quito la levita, y me pongo la de andar en casa. Al mismo tiempo entra la criada y me dice:

- Dn. Francisco, non sé que tiene la señorita que desde que se ha ido el barbero se ha encerrado en su cuarto y no hace otra cosa más que llorar.»

«Me piden la bendición poniéndose de rodillas»

«Yo inmediatamente me voy al gabinete de la señorita, en donde había dos puertas vidrieras. Había cerrado por la parte de dentro. Yo la veía llorar que parecía una magdalena. La llamé dos o tres veces y no respondía. Entonces le dije:

- Quede Vd. con Dios, supuesto que no soy digno de que vea, me hable, me retiro, perdóneme si soy la causa de sus incomodidades, le pido una y mil veces perdón.

»Viendo que me retiraba inmediatamente se levantó, abre la puerta. Entro y le digo:

- ¿Qué es esto Madama Isella, qué penas son las que le rodean a Vd? ¿Quién es la causa de sus tormentos? Dígamelos Vd. que mi corazón se parte de dolor. ¿Soy yo la causa de su melancolía?

»Me responde levantándose, y echándose a mis pies como una Magdalena:

- Sí, eminentísimo señor, bien me lo decía mi corazón que tenía en mi compañía un príncipe de la Iglesia.

»Y cae desmayada en mis brazos. ¡Qué confusión la mía, amado lector, ver aquella niña en mis brazos! Parecía una santa Rosa y que sus lágrimas bañaban mi rostro.

»Viendo que no se le quitaba, determiné el llamar a la doncella. Viene inmediatamente y me trae varios espirituosos que a breve rato volvió en sí aquella hermosa deidad.

»Después de sosegada un poco, me dice:

- ¿Me perdona su eminencia la libertad tan grande que he tenido al haber abierto esta carta?

»Echa mano al pecho y me entrega la carta y manda salir a la doncella, y quedamos solos. Viendo yo que la medicina había obrado, le dije:

- Y ya sólo encargo que me digas quién ha traído esta carta, y cómo está en tus manos.

»Me dice llena de lágrimas:

- Voy a hacer relación a su eminencia de todo el suceso: viene Martín, el barbero de su eminencia, preguntando por su eminencia. Le dijo al petit que su eminencia no estaba en casa. El Martín empezó a enfadarse y a inquietarse al ver que su eminencia no estaba en casa, viene y me lo dice. Yo mando subir a Martín y le pregunto de qué le quería a su eminencia y me dice que había venido un caballero español y que quería hablar a su eminencia. Yo le dije que estaría su eminencia en casa del Vicario General o al Hospital y que si no encontraba a su eminencia, trajese a aquel caballero español a palacio. Se retira en busca de su eminencia.

»Yo le salgo a despedir hasta la puerta, en que a la vuelta a mi gabinete me encuentro la carta que he entregado a su eminencia. ¡Con la satisfacción y confianza que tenía con su eminencia, juzgando que no fuese más que un religioso, aunque ya mi corazón me decía la ilustre persona que era su eminencia! Abro la carta, y no acertaba a leerla y llamé a Ramón el doméstico, y me la acabó de leer. Es así que está enterado de ella. Es todo como ha pasado y así perdóneme su eminencia.

»Mando llamar a Ramón y le encargo el secreto y le digo que no le faltará cosa ninguna. El referido Ramón, inmediatamente, como buen español, se arrodilla y me pide la bendición con un gran llanto. Yo inmediatamente se la echo. La señorita se puso de rodillas, y recibió juntamente la bendición. El referido Ramón me dijo:

- Creo que sería bien que su eminencia llamase a los demás criados de casa y encargarlos el secreto, pues creo que han oído alguna cosa.

»De consiguiente los llamo a todos: criado, criadas y doncella y le encarga la señorita y mi persona el secreto, a lo que prometieron diciendo que antes morir, que decir una palabra. Me piden la bendición, poniéndose de rodillas.

»Viendo yo aquella generosidad, les ofrecí seguir la clase de criados, una pensión anual a unos 2.000 francos, a otros de 1.000, a la doncella le ofrecí que seguiría a su ama. Viendo mi generosidad se vuelven a poner de rodillas y a pedirme la mano y a darme muchas gracias.»

«Prometí que la casaría con el Marqués de Santa Cruz»

«Se retiran. Me quedo solo con la señorita y le digo:

- Ahora bien serás gustosa de venir a España en mi compañía y luego tomarás estado con el Marqués de Santa Cruz.[41] ¿Qué me dices a mi propuesta?

»A lo que me responde, agarrándome con sus dos manos:

- Qué gracias que tengo que dar a Dios por los beneficios que me hace el traerme a mi compañía a un príncipe de la Iglesia y a una persona Real, ¡Oh Dios de los ejércitos, cuánto me favorecéis sin merecerlo! Quién me lo dijera a mí que había de tener en mi compañía a un Borbón. Pues, Monseñor, mi soberano, a nadie en este mundo tengo a quien obedecer y estar bajo las órdenes más que de su eminencia y así le digo a su eminencia que disponga de todos mis caudales y persona, reconociéndome por su esclava y le pido que su eminencia tenga la mortificación de seguirme.

»La sigo y me conduce a su cuarto, en donde había una grande papelera (armario) en que abre sus cajones, en que estaban todos llenos de oro y plata, y me entrega sus llaves y me dice:

- Venga su eminencia al otro lado que le quiero enseñar todo cuanto poseo.

»Me lleva a otro cuarto en que había dos fuertes alacenas todas llenas de plata labradas y me da una relación de los lugares que poseía, y me dice:

---

41 El marqués de Santa Cruz en el año 1812 era D. José Silva Bazan de unos 20 años de edad (véase cap. III/1, 6).

- Monseñor, todo cuanto su eminencia ha visto y lo que hay en el palacio está puesto a la voluntad de su eminencia con el bien entendido de que no haré cosa ninguna que su eminencia sepa, como suplico a su eminencia que me permita que mañana llame al sastre, pues no puedo permitir que su eminencia traiga semejante ropa.

»Al día siguiente me manda hacer unos grandes vestidos y camisas de muselina. Pueden los lectores considerar que estaba, creo, mejor que Fernando (VII). Yo le encargué el secreto, encargándole que por ningún motivo a persona le dijere quién era yo. Me lo prometió.

»Yo no hacía otra cosa más que repartir dinero a mis compatriotas prisioneros y pasearme en mi calesín. Le hice a la señorita que se trajese vestidos de París, al uso de corte, y ella, la boba, como pensaba y creía que se había de casar con el marqués de Santa Cruz y que sería marquesa, gastaba sin consuelo y sin darle mucho cuidado.

»Yo me marchaba a la campiña y me estaba recreado 6 u 8 días. Luego venía, me estaba otros 8 ó 10 días. Pues de suerte, amado lector, por no molestarles a Vd. mucho quiero adelantar una. Viendo el gasto tan grande y la majestad de la señorita y el porte mío, la villa comenzó a murmurar muchísimo, de suerte que llegó a noticia del subprefecto.

»Una noche, hallándose varias señoras de visita en casa del subprefecto, en donde se hallaba una religiosa muy amiga de madame Isella Amabili, el subprefecto sacó la conversación de lo que se murmuraba en el pueblo de madame Isella y de mi persona. El subprefecto decía:

- Yo creo que madame Isella Amabili ha perdido el juicio con el frayle. Su depósito me han dicho que hoy ha repartido en las casernas más de 300 francos a los prisioneros. De esa manera, pronto se acabarán los caudales de esa señora.»

Confidencias entre Isella, una religiosa y el vicario general

«El día siguiente, viene la referida religiosa, llamada madame de Santa Rosa, al palacio y llama a la señorita aparte y la noticia lo referido y qué había pasado en casa del subprefecto por la noche. La señorita le dice:

- Madame, a nadie le pido cosa ninguna ni a monsieur el subprefecto, todo lo que gasto es mío; así que digan lo que quieran.

»La religiosa le replica, viéndola alterada, le dice:

- Sosiéguese Vd. madame Isella (Amabili). Mire Vd. que las pérdidas por monsieur Françoise que le harán marchar de la villa. Yo se lo noticio para que no le coja de ignorante y sepa lo que pasa.

»Madame Isella, afligiéndose en lo que la religiosa le había dicho, la religiosa le dice:

- No se atormente, madame Isella.

»La señorita le dice:

- Quiere Vd. que le diga a madame lo que hay en el particular de monsieur Françoise? Pero con el bien entendido que ha de guardar el secreto, y no comunicárselo a nadie.

»La religiosa le dice:

- Ya sabe Vd. madame Isella que sé guardar los secretos, no debía de advertirme semejante cosa.

»La señorita le dice:

- Sepa Vd. que el religioso que está en mi compañía, no es religioso sino que es el eminentísimo y serenísimo señor Cardenal de Borbón, arzobispo de Sevilla y de Toledo, conde de Chinchón, primo del rey de España. Vea Vd., madame, si podría hacer todo cuanto hago con gusto y poner todo a su disposición. Se halla incógnito en traje de religioso. Todos los días tiene correos extraordinarios de España. Sólo le encargo que guarde Vd el secreto, madame.

»La religiosa se quedó muerta al oír semejante cosa y le dice llorando:

- Madame, ¿no tendré yo el honor de ver a su eminencia?

»La señorita le dice:

- Por ahora no, señora, pero de aquí pocos días yo proporcionaré que le vea, pues marcha su eminencia mañana de campiña y será el sitio mejor. Le encargo por tercera vez a Vd., madame, el secreto.

»Pues qué hace la puta de la monja (sic):[42] inmediatamente se sale del palacio, se va en casa del vicario general y le hace relación de todo cuanto la señorita le había declarado. ¿Qué es lo que hace el vicario general? Sin la menor detención se viene al palacio y empieza a reñir a la señora y darle veinte mil quejas, diciéndole:

- ¿Cómo ha tenido Vd. valor para no descubrirme el secreto tan importante como ése? ¿No tiene Vd. confianza en su padre espiritual? Creo que mejor pertenecía el que yo fuese el del secreto que madame Santa Rosa. Pero, en fin, reconozco la niñez. Así espero que me conduzca Vd. al gabinete de monseñor.

»Madame Isella, haciéndose la desentendida le dice:

- ¿Qué es lo que me dice Vd., señor vicario general? Yo no entiendo cosa ninguna.

»El señor vicario general, todavía con valor para negárselo, le dice con gran seriedad:

- Madame Isella, ¿tiene Vd. valor para no decirme la verdad? Si madame de Santa Rosa me ha noticiado todo lo que hay en el particular y lo que le ha confiado. Así, tenga Vd. la bondad de acompañarme al gabinete de su eminencia.

»La señorita ya no pudo menos de conducirle a mi gabinete, llena de tribulaciones.»

«...se postraron de rodillas a mis pies, pidiendo mi bendición»

«No hubo remedio: el vicario general se hizo acompañar a mi aposento. Entró con su sobrino, y ambos se postraron de rodillas a mis pies pidiendo mi bendición.

---

42 Esta expresión fue censurada por la Inquisición (véase cap. V/2, doc. 20: «proposición escandalosa y denigrativa»). Nos referimos al libro *La Inquisición...* (edición de 2005) pág. 285

Confuso y absorto yo no sabía qué hacer, ni qué decir. Y este mismo estado violento y de angustias hacía creer a los circunstantes lo que no era verdad y yo no cesaba de negar. En vano procuré persuadirles de su error, hasta llegar a insinuarles que con sus demostraciones inopinadas me hacían creer algún desarreglo en su imaginación. Todo fue inútil: hube de seguir mi papel, y resistiéndose los dos eclesiásticos a levantarse sin mi bendición, fue preciso dársela junto con un abrazo.

»Quedaron sumamente satisfechos, y yo cada vez metido en nuevos atolladeros sin poder retroceder de mi fingido cardenalato. Ofrecíles que comiesen aquel día conmigo, lo aceptaron gustosos. Y habiendo mandado llamar a la señorita para participárselo, me dijo la doncella que no hacía sino llorar en su retrete (aposento). Envíele nuevo recado manifestando que no temiera, y en efecto vino, y echándose a mis pies me pidió perdón por haber faltado a la confianza que en ella deposité. Hícela levantar asegurándola de que no me quedaba el menor resentimiento y le dije que me disimulase la libertad de añadir dos personas más a nuestra mesa.

»Desde entonces toda la casa y concurrentes me dieron el tratamiento correspondiente a mi alta clase. Y el vicario general me ofreció todos sus bienes y persona. Respondía que no los aceptaba porque nada me hacía falta y aguardaba cuanto antes recibir fondos de España. Me precié no obstante, a darle mi palabra a admitir un cubierto de oro, expresando que era una joya preciosa que yo no podría rehusar por haber pertenecido a S.M. Luis XVI mi pariente.

»Comimos en una mesa opípara. Fuimos después a paseo. Y al separarnos permití al vicario general que con disimulo me besase la mano, encargándole muy estrechamente el secreto.

»Vuelto a casa quedéme otra vez solo con la niña. Y al cabo de media hora vinieron con recado del vicario general dos muchachas trayendo una docena de botellas de vino de Alicante y una bonita caja con su cubierto y cuchillo de oro. Todos los días venía a visitarme, y salíamos juntos a paseo. Y las cosas siguieron así, en secreto, muy cerca de dos meses.»

El subprefecto lo metió en la cárcel

«Como durante éstos viese el pueblo lo mucho que el vicario general me obsequiaba, y hubiese alguna vez reparado que me besaba la mano, principiaron las gentes a formar cálculos diversos y preguntarse unos a otros sobre la calidad del extranjero. Llegó también a oídos del subprefecto, a quien se dijo en los informes que tomó que yo era el cardenal de Borbón y que el vicario eclesiástico estaba en el secreto, añadiéndole que iba a marcharme ocultamente a España con la señorita Amabili, en tanto que ésta había dado a componer el coche de viaje.

»No fue menester nada más para excitar la curiosidad y vigilancia de aquella autoridad. Envió orden a mi protectora, para que yo fuese a su casa lo más pronto posible. Me puse en cuidado por el nuevo aprieto que me aguardaba, mayormente habiendo sabido que, hallándome en el paseo había estado a visitarme el procurador imperial. Vime perdido. Pero para no dar que sospechar a mi Amabili aparenté serenidad y majestad.

»Muerto de miedo, como uno puede figurarse, llego a la casa del subprefecto. Este me recibió con mucho agrado. Me mandó sentar, y después de haberme preguntado por mi salud y por la de la señorita Amabili me habló de esta manera:

- No extrañe Vd. que le haya llamado porque deseo salir de cierta confusión en que me veo: pretendo saber quién es Vd. y su estado. No quiero faltar a los respetos y honores que le sean debidos. Sé que no es Vd. un simple religioso, y que no es suyo el nombre de que usa. Vd. es persona de mayor distinción, y así espero me sacará de toda duda".

»Mi contestación fue la de asegurarle que yo no era sino un religioso francisco subdiácono llamado Fr. Francisco Fernández natural de Salamanca (sic), y que su señoría había sido engañado, si me suponían otro nombre y estado.

»Cuanto más traté de persuadírselo, tanto menos me creyó. Y por fin me dijo:

- No señor, yo estoy muy bien informado de su persona y nacimiento. No sé qué fines le llevan a S. Ema. a no querer declararse por el cardenal de Borbón, me consta la correspondencia que por expreso ha recibido de España. No ignoro las limosnas que ha prodigado a sus compatricios prisioneros, las que no se avienen con el hábito de fraile francisco. Y sé que trata Vd. de fugarse con la señorita Amabili, para casarla con el marqués de Santa Cruz.

»¡Qué apurada era mi situación! ¡Cuánto trabajaba mi imaginación! No sabía qué responder. Si sostenía mi papel, malo, porque no podía durar. Si descubría el pastel, peor, porque me hubiera caído de vergüenza delante de mi amiga y del vicario general. Pero en fin, adopté el medio de repetir al subprefecto que le habían informado mal y que no debía darme más honores que los que constaban en mi pasaporte. El subprefecto dijo si me afirmaba a lo mismo, y respondíle secamente:

- Señor subprefecto mi palabra no es más que una.

»En este estado me mandó llevar a la cárcel previniendo que se me tuviera sin comunicación en el cuarto más decente sin faltarme nada, y dispuso que la señorita Amabili guardase arresto en su casa hasta nueva orden.

»Pensamientos encontrados llenaban sucesivamente mi imaginación. Lloraba sin cesar, y maldecía el instante que formé el proyecto de ser un héroe de novela, pues con haber declarado a la señorita Amabili mi verdadero estado, habría conservado su amistad, ganado mucho más su amor, y disfrutado sus riquezas de una manera más estable. No padecía yo menos pensando en el concepto que ella habría formado de mí, y me consoló algún tanto un billete suyo que recibí, asegurándome de su afecto y entregándome su corazón para siempre junto con un bolsillo que contenía la suma de dos mil francos.»

Comentarios

1/ Repetidas veces Mayoral asegura que exigirá que el Marqués de Santa Cruz se case con Amabile. Así le dice: «Ahora bien serás gustosa (Amabile) de venir en mi compañía a España y luego tomarás estado con el Marqués de Santa Cruz». El marqués de Santa Cruz en el año 1812 era D. José Silva

Bazán, que no estaba casado y tenía unos 20 años. Fue el décimo marqués de Santa Cruz, hijo de Pedro Silva Bazán casado con María Cayetana Sarmiento. El marqués era grande de España de primera clase, caballero del Toisón de Oro, comendador de Calatrava, gentilhombre de cámara de su majestad y mayordomo mayor. Lógicamente no se casó con Amabili, sino en primeras nupcias con María Soledad y de la Cueva y en segundas con una hija del conde austriaco Waldstein. Fue grande el atrevimiento de Mayoral al proponer ese matrimonio. Santa Cruz era prácticamente la segunda familia noble de España, después de los de Alba, y muy estimados por los literatos, siendo el marqués de Santa Cruz director vitalicio (desde el 24 de agosto de 1824) de la Real Academia Española. Murió el 4 de noviembre de 1828.

2/ Según el nobiliario español habían seis marqueses de Santa Cruz: 1) El que era "grande" de España (marquesado concedido el 25 de octubre de 1593 a Don Álvaro Bazán) y que sigue hasta la actualidad en la marquesa (XIV) Doña Casilla Silva Bazán Fernández de Henestrosa Salabert, que es a la vez duquesa de San Carlos; 2) Marqués de Santa Cruz de Aguirre; 3) Marqués de Aguirre; 4) Marqués de Santa Cruz de Paniagua; 5) Marqués de Santa Cruz de Marcenado; 6) Marqués de Santa Cruz de Rivadulla (véase J. de ATIENZA, *Nobiliario español* (Madrid 1954), págs. 960-961. A y A GARCIA CARRAFA, *Enciclopedia heráldica y genealógica hispanoamericana*, (Madrid 1954), vol. 13, pág. 68.)

3/ El Marqués de Mirabel poseía este título desde el año 1535. Lo concedió el rey de España a D. Federico de Zuñiga y Sotomayor. El palacio de los Mirabel estaba situado en la provincia de Cádiz. En la primera década del siglo XIX se habla mucho de este marqués, aunque no consta que estuviera en Cádiz en 1812.

4/ El mensaje de Cádiz es muy apropiado, porque posiblemente Mayoral o su cómplice P. Griver sabían que el verdadero cardenal estaba en Cádiz.

5/ Mayoral, según su relato, repartía contantemente dinero entre los soldados españoles prisioneros. Dice: «Yo no hacía otra cosa más que repartir dinero a mis compañeros prisioneros». En esto también Mayoral era un mentiroso. La figura que nos pintan los testimonios contemporáneos en el Tribunal de la Inquisición era totalmente diferente, e incluso pedía prestado a los «pobres prisioneros» y nunca les devolvía el dinero. La insistencia en que lo daba todo para los prisioneros españoles se comprende por el hecho de que quería ablandar a los jueces que lo juzgaban y quería demostrar que, a pesar de sus falsificaciones, intentaba burlar a la nación francesa por el gran ultraje que cometió Napoleón invadiendo los territorios de soberanía española. Se presentaba como un héroe.

6/ En el texto superior Mayoral pone en labios de Amabile la expresión machista «aunque soy mujer sé guardar un secreto».

7/ En el relato de Mayoral se dice que el cardenal Luis María es pariente de Luis XVI y que tenía una madre y dos hermanas. Sabemos que Felipe V (†1746) era abuelo del verdadero cardenal de Borbón. Del matrimonio de Isabel Farnese y Felipe V nacieron dos hijos: Luis Antonio y Carlos III, y del matrimonio de Luis Antonio con María Teresa de Vallabriga (†1820) nacieron el cardenal verdadero Luis María (†1823) y María Teresa (†1828). Ésta estaba casada con Manuel de Godoy, príncipe de la paz (†1851).

8/ La estancia del falso cardenal en Brive duró tres meses (entre el 11 de diciembre de 1812 y el mes de febrero o marzo de 1813). Obviamente en este tiempo tuvo relaciones íntimas con Amabile, a la que llamaba «mi niña». Ella se gastó una fortuna en vestidos de París y vistiendo con gran lujo a su querida eminencia el cardenal. Éste quería establecer en su misma estancia en Brive un palacete con la corte apropiada a un cardenal de tan alto rango «pariente de Luis XVI».

9/ El Tribunal de la Santa Inquisición de Barcelona se escandaliza en reptidas ocasiones de la frase de Mayoral: «… pues qué hace la puta de la monja». No sabemos si estando en Brive Mayoral frecuentaba casas de prostitución como lo hizo en Cahors, donde incluso se llegó a hospedar varios días en ellas.

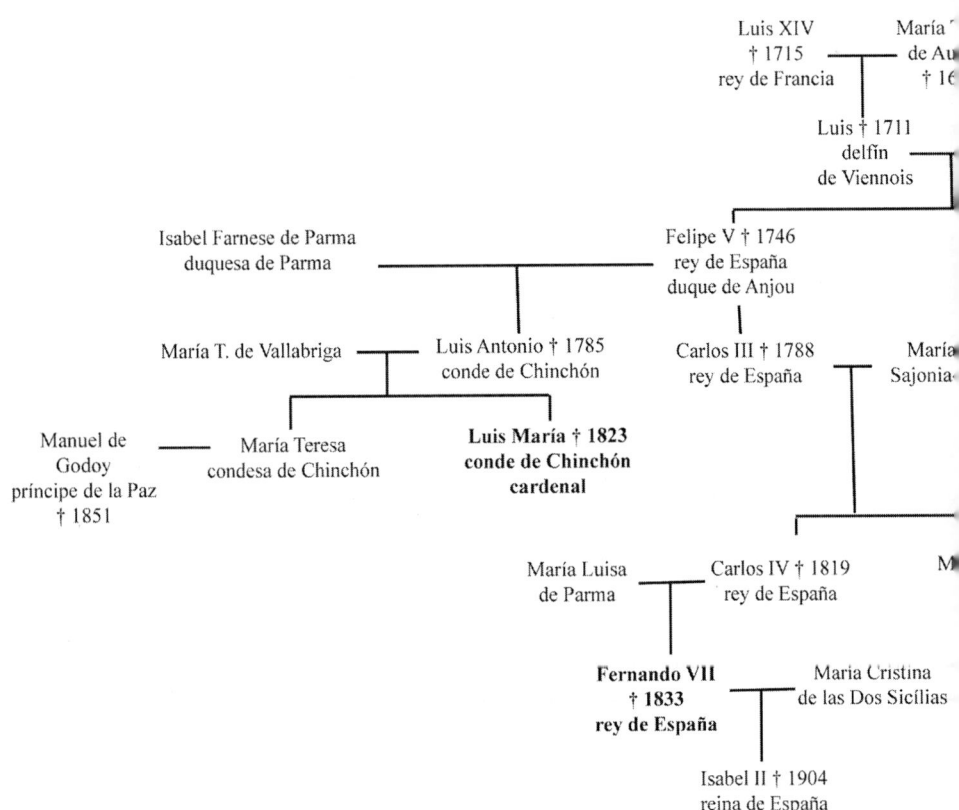

Miembros de las casas reales de Borbón y Habsburgo citados por Francisco Mayoral durante su proceso. El sargento Francisco Mayoral se presenta ante el vicario general y el subperfecto y procurador del Imperio en Brive como "el Eminentísimo y Serenísimo don Luis María de Borbón, cardenal".

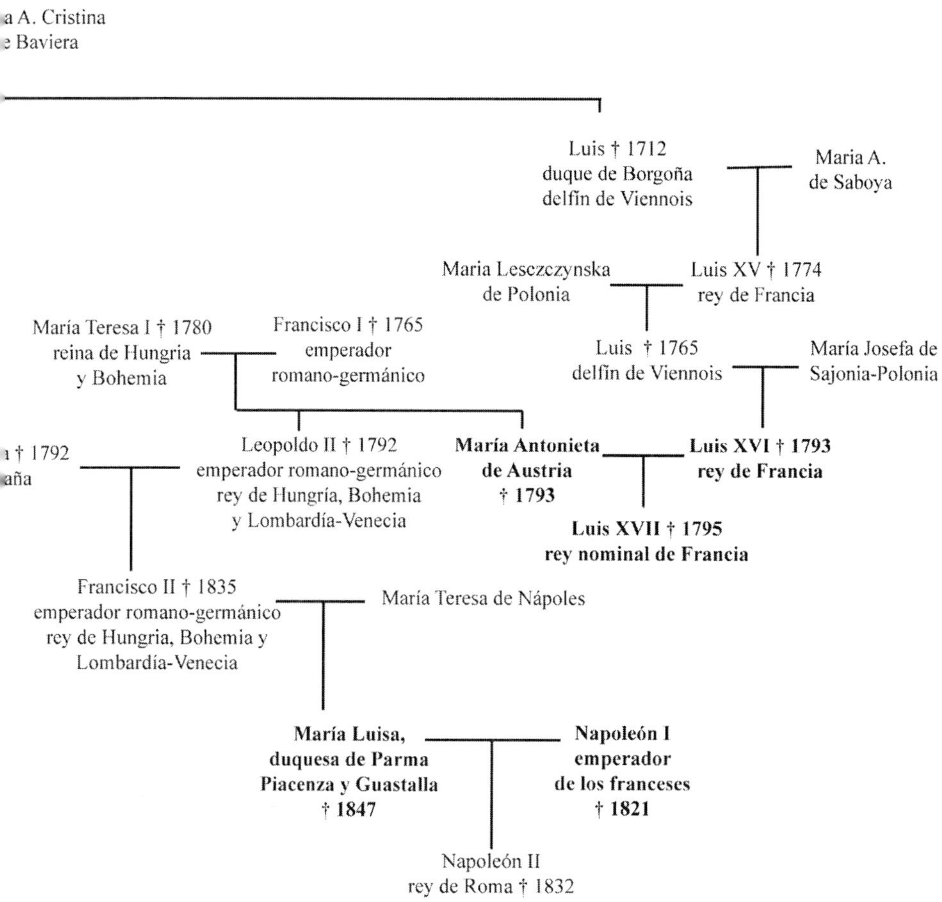

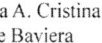
a A. Cristina
e Baviera

Luis † 1712
duque de Borgoña
delfín de Viennois

Maria A.
de Saboya

Maria Lesczczynska
de Polonia

Luis XV † 1774
rey de Francia

María Teresa I † 1780
reina de Hungria
y Bohemia

Francisco I † 1765
emperador
romano-germánico

Luis † 1765
delfín de Viennois

María Josefa de
Sajonia-Polonia

a † 1792
aña

Leopoldo II † 1792
emperador romano-germánico
rey de Hungría, Bohemia
y Lombardía-Venecia

**María Antonieta
de Austria
† 1793**

**Luis XVI † 1793
rey de Francia**

**Luis XVII † 1795
rey nominal de Francia**

Francisco II † 1835
emperador romano-germánico
rey de Hungria, Bohemia y
Lombardía-Venecia

María Teresa de Nápoles

**María Luisa,
duquesa de Parma
Piacenza y Guastalla
† 1847**

**Napoleón I
emperador
de los franceses
† 1821**

Napoleón II
rey de Roma † 1832

En la residencia de su bienechora Mayoral urdió su principal mentira: hacerse pasar por el cardenal Luis María de Borbón.

Antigua palacio episcopal de Limoges. Mayoral se trasladó de Brive a Limoges, donde es recibido en la residencia del general por el vicario general eclesiástico y el mismo militar.

Los generales franceses tras la Revolución de 1793 también procedían de las clases populares, y no exclusivamente de la nobleza. Por ello, no era de extrañar que Mayoral les pudiera engañar con cierta facilidad.

José Gabriel de Silva y Walstein (1782-1839), marqués de Santa Cruz. Real Academia de la Historia (Madrid). Mayoral promete a su protectora de Brive "elevarla al rango de la primera nobleza de nación, casándola con el marqués de la Santa Cruz, Grande de España".

La pequeña cuchara de Luis XVI, con la cual tomó su última comida. Isella Amabili obsequia a Mayoral con un cubierto de oro: "que yo no podría rehusar por haber pertenecido a S.M. Luis XVI, mi pariente".

Luis XVI, rey de Francia. El verdadero cardenal Luis María de Borbón era realmente pariente de Luis XVI, al ser su bisabuelo Luis, duque de Borgoña, hermano de Felipe V.

El verano de 1813 Mayoral llega a Sedán. Se aloja en el hospital que tienen las Hermanas de la Caridad. Al conocer su supuesta dignidad le proporcionan una de las mejores estancias, la de una monja de nombre María, sobrina del general Massena, que queda a su servicio.

Reloj francés del periodo napoleónico. La joven religiosa obsequió a Mayoral con un reloj de oro que le había regalado su tío, el general Andrés Massena, duque de Rívoli y príncipe de Essling.

10/ En el relato en Brive hay algunos datos curiosos. Aparecen obsequios como una botella de vino de Alicante. A Mayoral se le viste con una levita y se le concede un cubierto de oro, «joya preciosa que yo (Mayoral) no podía rehusar por haber pertenecido a su Majestad Luis XVI, mi pariente», al que la revolución decapitó y era considerado por la nobleza un héroe, por no decir un mártir.

La aventura cardenalicia

Los episodios centrales de la rocambolesca aventura de Francisco Mayoral tuvieron como escenario Sedán. Allí llegó tras pasar por Limoges en el mes de abril de 1813. En Sedán fue bien alojado en el hospital. Es visitado por españoles que le reconocen como el Cardenal de Borbón. Las monjas del hospital le tienen en gran consideración. Les concede indulgencias. Le ofrecen los vestidos propios de su dignidad. No sabe cómo ponérselos. Una baronesa le visita. Pasa así un mes. También le visita el Vicario General, que le ofrece una docena de botellas de vino. Vienen más visitas de personas distinguidas de la ciudad.

Se enteran también los prisioneros españoles. Uno de ellos dice: «Lo vio vestido de capellán del regimiento, con el pectoral y me dio la bendición». Se interesan por él, el General y el Prefecto. Quedan convencidos de su identidad. Es invitado a pasear por la ciudad. Hasta le piden celebrar los oficios divinos en el día del patrón de la ciudad. Antes de empezar la celebración finge una congoja y según él dice «evita de celebrar misa». («Le acometían ciertos accidentes como convulsiones» (testigo 7º). Al final, sólo da la bendición. Es obsequiado con un banquete.

Sabemos que el 13 de agosto de 1813, ante el anuncio de la llegada de la emperatriz a Messières, les escribe. Y en la misma fecha recibe de ella contestación. Pero al cabo de días llega la orden de traslado a Lille. Posiblemente alguien dio la voz de alarma. Sabemos que pasa por Messiers para ir a Valenciennes. Acudamos de nuevo al relato del mismo Mayoral.

«En Limoges declaré ser el verdadero cardenal de Borbón»

«Sin que me hiciesen más preguntas, al cuarto día a media noche llega un carruaje a la puerta de la cárcel. El carcelero me avisa que tome mi equipaje para salir de la villa, y bajo la custodia de ocho gendarmes soy conducido a Limoges.

»Muy diverso fue el recibimiento de lo que esperaba. Se detuvo el coche a la puerta del general, y al bajar me abrazó la autoridad eclesiástica que aguardaba, y me dijo:

- Monseñor, no hay más que conformarse con la voluntad de Dios.

»Me tomó la mano y puso en ella un bolsillo con la suma de tres mil pesetas en moneda de oro española, añadiendo que él se encargaría de recoger las letras que me vinieran de España. Entramos al gabinete del general, debiendo yo llevar en mi rostro la congoja y confusión en que me veía. Hubiera con gusto preferido quedar para siempre encerrado en un castillo, a haber de volver a recibir tantos obsequios: pero fuerza era seguir el empeño en que a pesar mío y por chanza me encontraba metido, bien que siempre con la misma resolución de negar para no resultar impostor y para poder decir que de los otros era la culpa de haberme creado cardenal.

»Al vernos entrar el general se dirigió a mí con velocidad, me dio un abrazo y me preguntó: ¿Que miras puede tener V. Ema. en pasar trabajos manteniéndose incógnito? Me rogó que no le tratase como a un superior sino como haría a un súbdito y leal vasallo de los Borbones[43] a quienes apreciaba aunque en el día se hallaba bajo el gobierno de...: y me suplicó que descubriese mi persona pues estábamos solos con el vicario general, el cual se retiraría también si yo lo deseaba.

»Respondíle:

- Mi general, me sorprende el tratamiento que V.E. me dá; no soy el sujeto que V.E. cree; los papeles que V.E. tiene no son verídicos; el subprefecto está engañado: yo no puedo decir a V.E. otra cosa más.

---

43 En verano de 1813 la estrella de Napoleón ya estaba en declive. La campaña de Rusia había sido un auténtico fiasco. Algunos generales suspiraban los tiempos de los borbones y pactaron no pocas alianzas con ellos.

»A esto el general repuso con vigor:

- No, Emo. Sr., estoy muy bien enterado de todo, y bajo mi palabra de honor le prometo guardar el secreto si no quiere descubrirse al Gobierno: yo mismo le favoreceré con caudales y pasaportes para que no sufra no descubriendo su persona.

»Este lenguaje que creí sincero, bajo la esperanza de que no se hablaría más del asunto, de regresar luego a mi patria y salir de una vez de aquel berenjenal, me hizo tomar la atrevida resolución de hablar al general en estos términos:

- General, bajo la palabra de honor que acabas de darme, pongo en tu noticia que soy el verdadero Cardenal de Borbón; pero prefiero la suerte de simple eclesiástico a la que ha cabido a los príncipes mis primos.

»El general guardó su palabra: y dándome las gracias por la confianza que acababa de hacerle, me manifestó que no le quedaba otro sentimiento sino el de no poder disfrutar de mi compañía, y el de haber de noticiarme que bajo la calidad de simple religioso, según las órdenes que tenia comunicadas, debía salir al día siguiente sin falta para Montmedi. Añadió no obstante que no me afligiese porque el pasaporte llevaría a la nota de que yo era un eclesiástico de distinción, en vista de lo cual seria mejor tratado; y me presentó para socorrerme la cantidad de 3.000 francos.

»Dame mil enhorabuenas por el feliz éxito de mi última travesura; y llegué a creer que con esto daba fin a mis zozobras viviendo confundido entre los religiosos prisioneros: pero desgraciadamente a cada paso ocurrían nuevos lances que me comprometían seriamente. Se había divulgado la voz de que yo era cardenal; y cardenal debí ser, quieras o no quieras.»

«Debido al gran parecido que tenía con el verdadero cardenal de Borbón, en Sedán, fui reconocido por un ciudadano de Toledo»

«A las cuatro de la madrugada de aquel mismo día salí en un carruaje con la escolta de ocho gendarmes hacia la villa de Sedán donde fui muy bien alojado en una de las mejores habitaciones del hospital en virtud de recomendación que traía para las monjas de la caridad. Dos días estuve sin ver más que a una religiosa llamada hermana Francisca, hasta que vino a visitarme un español conocido por Salvador, sargento que había sido de las tropas del marqués de la Romana y casado entonces en dicha villa, por habérselo instado dicha religiosa diciéndole que yo era una persona distinguida de España.

»Entró en efecto con dicha hermana en mi aposento hallándome en cama con motivo de una pequeña indisposición: habló una palabra. Se puso a mirarme hito a hito con la mayor atención, y al cabo de dos o tres minutos prorrumpió de esta manera:

- ¿Qué desgracia es la de V. Ema.? ¡Cómo! ¿V. Ema. en un hospital?

»Recibí con estas palabras otro golpe fatal por los nuevos apuros en que iba a verme. Contesté al español:

- Caballero, Vd. se engaña, pues yo no tengo semejante tratamiento y soy un humilde religioso.

»Replicóme por el mismo estilo diciendo que me conocía muy bien porque era hijo de Toledo y su familia vivía frente del palacio arzobispal, habiéndome visto más de cuatro veces en el paseo y en la iglesia. En esto, la monja conociendo que nos empeñábamos en algún asunto de interés se retiró dejándonos solos.

»Apenas ella hubo salido, el español volvió a decirme con mayor firmeza que no dudase de que me conocía tanto como a su padre. Negué una y mil veces. Pero viendo la inutilidad de mis persuasiones, y recordando que me salió bien la confesión pocos días antes hecha al general, adopté el mismo plan. Híicele prometer guardar secreto, y me di a conocer por el cardenal de Borbón.»

«...todas las religiosas de Sedán de rodillas me pidieron la bendición y que las reconociese por hijas»

«Este segundo depositario de un fingido secreto no tuvo la lealtad del primero. Las monjas advertidas por la hermana Francisca de que mi persona encerraba algún misterio por lo que había presenciado, estuvieron espiando el momento de la salida de Salvador para interrogarle. Éste no pudo ocultar su agitación y avivó más la curiosidad de aquellas mujeres. Las preguntas se sucedían rápidamente. Se vio entre una docena de mujeres preguntonas, como buenas monjas, y para desprenderse de ellas, ofreció revelar el secreto a la sola superiora, bajo palabra de que ella lo guardaría, y le dijo que yo era el Emo. D. Luis María de Borbón, arzobispo de Toledo y cardenal de la Escala, primo del rey de España y de la emperatriz de Francia. Repitió en prueba de su aserto todo lo que me había dicho poco antes, corroborándolo con la sorpresa que mi vista le causó, de lo cual anticipadamente había tenido noticia dicha superiora por relación de la hermana Francisca.

»En seguida Salvador y la superiora discurrieron cómo cambiarme de habitación sin que yo advirtiera el motivo, y sin que yo sospechara que aquel faltó a lo prometido. La hermana Francisca y otra viejecita vinieron a decirme que me vistiese para trasladarme a otra parte, y se marcharon diciendo que volverían dentro un rato. Cumpliéronlo así y me llevaron a un salón donde había varias religiosas. Sentéme en una silla destinada para mí, y quedé asombrado mirando a todas partes y esperando el objeto de aquel congreso. La superiora conoció mi turbación, y trató de disiparla preguntándome con sonrisa si me incomodaba su compañía. Contesté que me sucedía todo lo contrario.

»Una linda monja de edad 18 años llegó en este estado y dirigiéndose a la superiora le dijo que todo estaba preparado. Esta me cogió entonces de la mano, y junto con dicha monjita me condujeron a una muy adornada habitación que rehusé aceptar por no convenir a un religioso. Quise volverme a la que acababa de dejar, y he aquí que la superiora se hinca de rodillas, y dándome el tratamiento de Eminencia me suplica que la acepte, aunque no era la que me correspondía. Añadió ser la que ocupaba la hermana María, sobrina del general Mac (?), presente en aquel acto.

»Echéle una buena mirada y le hice un cumplido. Me pareció aún más hermosa que la vez primera que le dirigí la vista, y quedé muy gozoso de que la superiora dejase a su cargo mi asistencia. Hablaron ambas sobre las disposiciones que debían tomarse para que yo estuviese bien servido, y cuando hubieron concluido, pregunté a la superiora quién había descubierto mi secreto. No me pareció regular entrar de nuevo en el empeño de negar, y me convenía ya un tanto el ser tenido por cardenal para ver y hablar de cerca a la hermana María.

RELATO DEL FALSO CARDENAL POR EL MISMO FRANCISCO MAYORAL

»La superiora nada contestó, y prorrumpiendo yo en agrias quejas contra Salvador porque había faltado a una promesa hecha a mi real persona, se postraron a mis pies las dos monjas pidiendo que le perdonase pues reveló el secreto importunado, por ellas.

- Levantaos —le dije— hijas mías, ya está perdonado, pero con tal que vosotras y él guardéis inviolablemente el secreto porque tengo poderosísimos motivos para permanecer incógnito.

»Así me lo aseguraron, y la superiora disculpó a las otras monjas de no haberme dado el tratamiento que me convenía por no ser sabedoras de mi alto rango. Solicitó luego permiso para presentarlas a recibir mi bendición, diciendo que más valía enterarlas de todo y mandarles guardar secreto por obediencia, que dejarlas en las sospechas concebidas de que en mí había algo de extraordinario. No me agradó demasiado tanta publicidad, ni fié mucho en el voto de obediencia, pero una vez empeñado por mil, dije en mi interior, empeñémonos por mil y quinientas, y acordé el permiso solicitado.

»La madre superiora se salió inmediatamente de mi cuarto y me quedé solo con la hermana María. Estuvimos un rato silenciosos, hasta que buscamos conversación en lo apacible de la estación y en lo ameno del sitio, y cuando principiaba yo a particularizarla sobre lo que pudo inclinar a una niña de tantas prendas a abrazar aquel género de vida, entró la superiora con doce religiosas, la mayor parte muy agraciadas, y puestas todas de rodillas me pidieron la bendición y que las reconociese por hijas.

»Hube de pellizcarme para no perder la gravedad. Me armo de todo el valor que necesitaba para no echarlo más a perder. Les doy con majestad mi bendición, y alargándoles la mano para que la besasen, les ayudo a levantarse y les pido que rueguen a Dios a que me saque del cautiverio ofreciéndoles una buena pensión anual durante mi vida.

»Me dejaron por fin solo, y yo prorrumpía en risas de cuando en cuando como si me hubiese vuelto loco. Pensaba con lo que dirían en mi regimiento si sabían la comedia. No menos me entretenía el discurrir sobre las cruces que se harían las monjas al descubrirse tanto enredo. Me divertía con las escenas que aún me aguardaban. Eché por fin mi capa al toro, y "al menos —dije— nadie me quitará el haber salido de miseria y pasándolo mejor que el mismo rey Fernando, y haberme burlado de una nación que ha causado la desgracia de mi patria".

»Llegó entretanto la hora de comer, de la que fui avisado por la superiora en persona, y habiéndola rogado que me acompañase, lo rehusó bajo pretexto de que no podía hacer falta en el refectorio, pero añadió que daría orden a la hermana María para que lo hiciese en su nombre. A decir verdad no me desagradó el cambio. Llegó en efecto a poco rato, y después de los cumplidos debidos a mi alta clase y de un intervalo de conversación indiferente, me dijo muy lastimosamente:

- ¡Ah señor, si V. Ema. me permitiera decir lo que mi corazón siente!

»Me prometí una nueva aventura, sin poder empero adivinarla por el respeto que mi dignidad debía infundir a aquella inocente niña. Le contesté con majestad mezclada de galantería que hablase y obrase no siendo cosa contraria a la obediencia debida a la superiora y a los preceptos de la religión. Tomó entonces la palabra y dijo que a ninguno de estos sagrados objetos creía faltar, poniendo conforme ponía a mi disposición los caudales y un reloj de oro que le remitió su tío. Acepté esta última prenda, pero no el dinero por entonces, porque aunque no lo tenía, tampoco me hacía falta y esperaba muy breves letras de España con todos mis equipajes.»

«...no sabía cómo ponerme los vestidos de cardenal... en mi vida me las había visto tan gordas»

«No quedó mi monjita satisfecha con esto porque su ofrecimiento era hijo de sincera y buena voluntad. Exigió que la permitiese llamar a un sastre porque mis ropas no eran las que me convenían, y para vencer mi resistencia me recordó el permiso de hacer lo que no se opusiese a la religión. ¿Quién a la vista de tan dulces súplicas fuera capaz de no ceder, aunque hubiese sido un cardenal verdadero y no *in partibus* como yo?

»Concluido esto nos sentamos a la mesa, y procuré obsequiar a mi compañera todo lo que supe y era compatible con nuestro estado respectivo: ella se retiró luego de haber comido, y una hora después volvió a entrar junto con un caballero que haciéndome un saludo con la cabeza se quedó mirándome de arriba abajo y se salió haciendo otra igual demostración. Poco pensaba yo que este sujeto fuese un sastre. Pero me lo persuadió su segunda visita que hizo al cabo de dos días trayendo un paquete de ropa que expresó dejaba por disposición de la hermana María.

»Confieso que fui curioso de examinar lo que contenía, iy cuál fue mi sorpresa al ver un traje completo de cardenal!

»¡A Dios! dije en secreto, todo se ha hecho público ya, y no hay más remedio que seguir el viento y la tormenta.

»Consolábame no poco el saber que en aquel reino no había inquisición, y el pensar que no era probable se me aplicase pena de muerte (sic).

»Al entrar después mi monja hice el ignorante de lo que contenía el paquete, y tomándolo ella me dijo:

- Aquí tiene V. Ema. la ropa que le corresponde.

»La tomé y miré afectando sorpresa, e hice a su autora mil reconvenciones por haberlo dispuesto sin mi autorización, asegurándola que de ningún modo vestiría dichos ornamentos porque era forzoso permanecer incógnito.

»Se redoblaron extraordinariamente los ruegos y súplicas de la monjita. Yo deseaba de otra parte complacerla y ganar su afecto. Llegó en esto la superiora que instó lo mismo, y persuadido de que la casa del sastre había sido un público pregón, decidí usar el nuevo traje, abandonándome enteramente a la suerte resuelto a todo.

»Se retiró la hermanita para darme tiempo de vestirme, y por si me observaban me arrodillé como quien hace un rato de oración. Deslié en seguida el paquete y encuentro por primera prenda una preciosa cruz de oro y un anillo con un diamante. Saqué lo demás que registré de arriba abajo dándole vueltas.

»No sabía cómo ponerme los vestidos ni por dónde empezar porque en mi vida las había visto más gordas, y me arrepentí de mi arrojo, pues iba a quedar mal en lo que al parecer debía presentar menos dificultad. Afortunadamente hice memoria de que en una antesala, aunque bastante obscura, existía un retrato o imagen de algún santo cardenal, y por él saqué el orden de mis vestiduras. Ved aquí a un pobre sargento hecho de repente un prelado de la iglesia. Sólo me faltaba poner la cruz y el anillo cuando entró la monjita, y ella, según dijo, quiso tener el honor de ponérmelo por sí misma.»

La camarista de la reina Antonieta de Francia visita al seudocardenal. El retrato de Luis XVI

«Llegaron en esto la superiora y demás monjas que quisieron recibir mi bendición y se la dí sin hacerme rogar. Todas me ofrecieron sus personas y escasas facultades, y dándoles por ello las más expresivas gracias, les pedí que rogasen al Señor en sus oraciones por mi salud, y para que me restituyese cuanto antes a mi silla, en cuya ocasión sabrían quién era el cardenal de Borbón, señalándoles por de pronto la pensión de mil francos a cada una durante mi vida.

»Es inexplicable el gozo de aquellas buenas mujeres. Se pasó aquel día sin ofrecerse otra cosa remarcable. Al siguiente entró la superiora en mi habitación junto con dos señoras, la una de las cuales era baronesa y la otra había sido camarista de la reina Antonieta de Francia. Leyó la superiora en mi interior la sensación que me había hecho aquella visita, y principió excusándose con la calidad de las personas y con que eran de toda confianza y podían con su amena conversación disminuir el fastidio que debía causarme la soledad. No había ya remedio, y fue preciso dejar de mostrarse enojado.

»Se arrojaron ambas a mis plantas. La camarista prorrumpió en amargos sollozos recordando la desgracia de su ama, y manifestó satisfacción al mismo tiempo por habérsele proporcionado la ocasión de besar la mano de un Borbón. No pude menos de enternecerme, y la levanté cogiéndola de los brazos suplicándole que no se afligiese ni contristase más mi corazón.

»Serenados los ánimos, sacó la baronesa de su bolsa una caja de oro para tabaco con un retrato de Luis XVI, y me dijo le perdonase la libertad que se tomaba de ponerla a disposición mía para que yo tuviese el gusto de besar la imagen de aquel mártir de la iglesia y primo mío. Tomé la caja, miré al retrato, y como hubiese principiado a fingir era del caso hacerlo bien, saqué mi pañuelo y figuré enternecerme. Entró cabalmente la monjita en el acto que hice la demostración de acercar mi pañuelo a los ojos, y me quitó la caja de la mano para hacer cesar mi aflicción.

»La tenía en verdad, pero era porque no consideré bastante pagado el peligro a que me ponían tales enredos. Se marcharon por fin aquellas señoras pidiéndome licencia para visitarme diariamente y se la concedí encargándoles estrechamente el secreto. Lo prometieron, mas no esperé demasiado que lo cumpliesen aunque eran señoras de calidad, secretos confiados a mujeres me engolfaron en un plan que por fin de fiesta terminó con mi prisión. El sastre fue el único que calló, y el haberlo yo creído al revés fue causa de que tomase el traje de cardenal y me comprometiese hasta un grado que ya no fue posible retroceder.»

El vicario general de Sedán le ofreció una docena de botellas de vino

«Se pasó un mes de esta manera recibiendo vistas de dichas señoras y de otras agregadas que me regalaban fondos.

»Cierto sábado que el vicario general había venido para confesar a las monjas, la superiora le dijo que no se fuese sin subir a visitar a una persona que había en la habitación de la hermana María. Le acompañó dicha superiora sin advertirle previamente la menor cosa, y fue grande su sorpresa al encontrarse en la presencia de un cardenal, sin saber cómo ni por dónde había llegado a la villa.

»No es fácil ponderar el aturdimiento de dicho eclesiástico, anciano, que contaba por lo menos la edad de 65 años. Me causó verdadera compasión, y ésta es la vez que casi me pesó más el haber usado de tanto fingimiento. Procuré darle espíritu y le ayudé a levantarle de mis pies. En este estado la superiora le preguntó sonriéndose si sabía con quién estaba ya quién había pedido la bendición. Respondió que bien sabía que era un príncipe de la Iglesia, pero no tenía el honor de conocerme. Y al saber mi nombre y cualidades volvió a arrodillarse pidiendo le disimulase la libertad que se había tomado de entrar en mi gabinete aunque acompañado de la madre superiora. Después de un rato de conversación, durante la cual quedó el cura muy satisfecho de mis fingimientos, se retiró ofreciéndome con viva instancia sus bienes y persona.

»Apenas había bajado la escalera entró riéndose mi monjita de lo mucho que el cura le había reñido a la superiora por no haberle avisado de antemano, y me dijo que no tardarían a llegar por disposición suya una docena de botellas de vino generoso, como en efecto así se cumplió.»

Se divulgó el secreto en el depósito de prisioneros españoles

«Otros quince días pasaron sin más ocurrencia particular, sucediéndose las visitas y regalos, de las señoras y del cura, iniciados en tan altos misterios. Durante aquellos se divulgó el secreto en el depósito de prisioneros españoles que había en un pueblo distante cuatro leguas. Vinieron a tropel algunos sargentos y varias mujeres presentándome memoriales para que les socorriese, y ninguno se marchaba desconsolado.

»No tardó a llegar todo esto a noticia del gobierno. Cierto día hallándome con el vicario general y la monjita vino la superiora muy ufana, y nos contó que acababan de estar en su habitación el general y el prefecto a informarse de la verdad del hecho, y que no había podido menos de hacerles una explicación minuciosa de todo, sin descuidar la advertencia de que S. Ema. se hallaba de incógnito. Añadió que en vista de esto le habían manifestado que al otro día vendrían a tributar el debido homenaje a mi real persona, para lo cual las señalase hora.

»Recibí un golpe fatal. Fluctué sobre lo que debería practicar y por todos lados se me ofrecían terribles escollos. Reflexionaba que si entre las personas que viniesen a obsequiarme había alguna que conociera al verdadero cardenal estaba perdido, y la vergüenza y la desesperación serían el pago de mi atrevimiento, y que si me resistía a recibir a las autoridades daba que sospechar a las monjitas, al vicario general, ya las demás personas de quienes me era sumamente grata y útil la amistad y confianza. Es inexplicable mi confusión, como podrá imaginárselo cualquiera poniéndose un momento en mi lugar: jamás el negocio había tomado un carácter tan serio, pero por fin llamando a mi socorro todo el valor y constancia que había aprendido en los combates y fatigas de la guerra, resolví sostener mi papel y mi palabra. Dije en consecuencia a la superiora que hiciese saber de mi parte al Sr. general y al prefecto que a las once de la mañana me encontrarían dispuesto a recibirles.»

Visita del general y del prefecto de Sedán

«No dormí ni descansé un instante aquella noche, toda entera la pasé cavilando sobre mi futura suerte, y a veces me pareció que desde el besamanos iba sin remedio a un calabozo. La dificultad estaba principalmente en el modo de evadir algunas preguntas que indefectiblemente se me harían, pero creí vencerla mediante afectar ignorancia del idioma. Responder bien champurradamente de manera que no me entendiesen, ni se atreviesen a preguntarme, y revestirme de un aire majestuoso e imponente que les retrajese de importunarme con demasiadas cuestiones. Formada así mi resolución me levanté a la hora acostumbrada.

»Llegó al cabo de poco la monjita encargada de mi servidumbre y me rogó que me retirase a la habitación de la superiora a fin de adornar la mía para el recibimiento del general y del prefecto. Obedecí, pero con un corazón tan oprimido como pueda tenerlo un reo al trasladarse a la capilla.

»Después de hora y media viene mi monjita y tomándome la mano me conduce otra vez a mi aposento que encontré adornado con colgaduras de seda, un dosel de terciopelo morado con tres sillas poltronas de lo mismo, una rica araña de cristal, candelabros que parecían de oro, y ramilletes de flores por todas partes. Me pareció entrar en el paraíso. Mas mi espíritu no estaba dispuesto a gozar sus dulzuras. Todo mi anhelo era mirar el reloj y contar los minutos que faltaban para las once.

»Estaba también conmigo la superiora, y entrando la portera le dijo que el general y demás autoridades acababan de llegar y la aguardaban en su habitación para hablarle. Se fue corriendo. El general le encargó me entrase recado para saber si estaba dispuesto a recibirle, y respondí que pasasen adelante.

»En ninguna acción de guerra necesité tanta serenidad y valor como en esta ocasión. Entran el general y el prefecto con toda su corte compuesta de unas veinte personas. Me levanté de mi sillón colocado bajo dosel. Hice señal de venia al general destinándole la silla que estaba a mi derecha, luego ejecuté lo mismo con el prefecto colocándolo a mi izquierda, y en seguida dirigí la voz a los demás para que se sentasen, conforme así lo ejecutaron.

»El que primero me habló fue el general diciéndome que había quedado absorto al tener la noticia de mi desgracia y que deseaba saber la historia de este suceso extraordinario. Aquí fue preciso aguzar mi ingenio, y para ganar tiempo y prevenirme le contesté:

- General, es muy largo de contar, y únicamente hallándonos solos podré explicártelo.

»Después de esto, y mientras estábamos en conversación sobre puntos indiferentes, entró una monja el recado de que las señoras del general y del prefecto deseaban besarme la mano. Dí acto continuo mi permiso, y vinieron acompañadas de la misma monja. Me levanté al divisarlas, y al llegar cerca de mí se arrodillaron a mis pies, tomándome la mano para besarla, y se lo permití. El general cedió la silla a la señora del prefecto, y éste a la del general y héteme aquí colocado en medio de dos damas principales y no malas mozas.

»Se retiraron las autoridades con su comitiva, besándome todos la mano y diciéndome el general que volvería después de comer. Quedé solito con las dos señoras, que por cierto no me desagradaban, muy contento de haber salido de aquel paso con felicidad, aunque con zozobra por el que me esperaba dentro pocas horas. Ambas señoras se despidieron por fin también ofreciéndome sus personas y cuanto poseían.»

«...a solas con el general y la generala. El principio de mis desgracia»

«Se acercó la hora de comer y me senté a la mesa con mi monjita, como era de costumbre, y estando comiendo llegó una guardia de honor de un sargento, un cabo y ocho soldados que me mandó el general, junto con una ordenanza de gendarmería que estuviese a mi disposición. Todo iba bien, subiendo yo a cada paso y ostentación para que fuese de más alto y más peligrosa la caída.

»Apenas nos habíamos levantado de comer llegó otra vez el general. Nos quedamos solos. Principie la historia de mi desgracia que procuré fuese corta y enigmática, y el general demostró quedar satisfecho, tal vez por política y creído quizás también de que yo por la misma causa nada refería de interesante. Sea como quiera no vaciló un momento en orden a creer que yo era el cardenal de Borbón. Me convidó a dar un paseo, llamó a la ordenanza para que la generala viniese a buscarme con el coche, y al parecer estaba ya todo prevenido de antemano, pues al instante llegó dicha señora con el coche y sus cuatro caballos ricamente enjaezados. Al mismo tiempo se presentaron a la puerta ocho coraceros con un sargento y un cabo.

»Más habilidad cabía en contener la risa que de cuando en cuando me acometía con vehemencia, que en representar tan alto puesto. ¿Quién era capaz de contenerse al ver los batidores preparados? El general pidió mi beneplácito para dirigimos a un pueblecito distante media hora levantado por los españoles prisioneros y se lo acordé. Hizo en seguida adelantar cuatro coraceros a todo escape hacia el pueblo a fin de avisar a las autoridades que nos recibiesen conforme correspondía, y caminando nosotros despacio para dar tiempo, el general obsequiaba a mi monjita que me servía de paje, y yo a su señora.»

«...Fuimos recibidos con repique de campanas»

«Fuimos recibidos con repique de campanas, y sólo se oían repetidos gritos: "¡Viva el cardenal de Borbón!"

»Las autoridades y personal de distinción nos salieron al encuentro. Bajamos del coche y era preciso que los coraceros nos hiciesen paso entre la multitud que se agolpaba para verme y besarme la mano. Nos condujeron en derechura a la iglesia de allí a visitar lo más precioso de la población. Repartí bastante dinero entre los españoles que trabajaban en obras públicas, y no fui menos generoso con algunos pobres franceses.

»Regresamos antes de anochecer, y durante el camino yo mismo estaba admirado de mí por la seriedad con que me portaba y por el engaño en que tenía a tantas personas respetables. Nos apeamos en el palacio del general donde entramos, y después de sentados en un gabinete me preguntó la generala si estaba fatigado, porque el carruaje no era muy cómodo. Respondí con el cumplido adecuado a tanta cortesía. Era una señora de 33 años de edad, bastante bien parecida. Su marido pasaría sin duda de los 60. Su amable conversación y trato me interesó en extremo, y llegué a formar el atrevido concepto de que yo no le era indiferente, en tanto que tuve motivos fundados de sospechar que hubiese causado celos a su esposo.»

La monjita tenía celos de la generala

«Nos retiramos por fin al convento a las 11 de la noche acompañándonos el general y varios oficiales que estuvieron de tertulia. Quedé libre de tanto cortesano que me rodeaba y abrumaba, y sólo con mi monjita, a quien observé bastante malhumor durante la tarde y noche, le dirigí la palabra, y me respondió con un tono grave y no acostumbrado. Luego reconocí que esta seriedad era causada de celos, pero quise saberlo por ella misma. No fue difícil, porque eran todavía más sus ganas de decirlo. Contestó a la pregunta, que todos mis obsequios habían sido para la generala con quien me había divertido perfectamente, sin hacer caso alguno de ella. Y aunque traté de persuadirla de que nadie más poseería mi estimación, y que era preciso entre las personas de alto rango usar de aquellos cumplimientos, no creo que quedase satisfecha. Manifestó sin embargo estarlo al despedirle, para trasladarse a su habitación.»

«...me pidieron que celebrase los oficios divinos por ser el día del santo patrón»

«Agitada en consecuencia por otro estilo se pasó aquella noche. Era muy temprano todavía, pues apenas serían las ocho de la mañana del día siguiente, cuando vino el general y me hizo darle palabra de comer con él. Lo cumplí, y se repitió lo mismo otras veces. Igualmente le tuve yo convidado. Y de este modo sin acontecer novedad notable, se pasó cosa de un mes, visitándome con frecuencia las personas principales de la villa y recibiendo de ellas muchas cantidades de dinero.

»Parecíame ya que esto debía durar siempre sin ocurrencia alguna que me comprometiese, y sobre todo estaba muy lejos de recelar que me esperase una de tanta gravedad como la que se oirá.

»Cierto día por la mañana me entró recado la monjita de que estaban allí el general y el prefecto, quienes querían hablarme. La visita de los dos juntos me pareció tenía algo de extraordinario, y se aumentaron mis zozobras, cuando principiaron diciendo que venían para que les acordase una gracia en la cual ellos y la población tenían el mayor empeño. Exigieron antes mi palabra de que les complacería, y habiéndola obtenido mientras de ello no resultase perjuicio a mi salud y a mi estado, el general dijo que venían en nombre de las autoridades y del pueblo a rogarme que el día siguiente celebrase los oficios divinos por ser el del santo patrón de la villa. Añadió que era costumbre solemnizarlo con pompa, y que aquel año sería completo, haciéndoles yo tanto honor.

»Recibí un golpe mortal. No sabía qué responder. Buscaba excusas, y por todos lados eran soltadas las dificultades. Me veía altamente comprometido, y confiando en mi travesura de ingenio determiné contestarles que lo haría. El caso era salir del apuro del momento y ganar tiempo para resolver después con más acierto cuando me encontrase metido en un ceremonial acerca del cual no entendía palabra. Traté sin embargo de tranquilizarme en la parte que pudiera esto parecer un desprecio a la religión, diciéndome a mí mismo que no lo hacía sino para aliviar mi desgraciada suerte, para auxiliar a mis compatriotas, y para vengarme de esta manera, ya que no podía con las armas, de una nación que causaba la ruina de mi patria.

»Me dejaron por fin solo; y esto era lo que yo deseaba para entregarme enteramente a discurrir los medios de salvarme de aquella tormenta. Ningún pensamiento me parecía bien; y tan pronto me ocurría una idea repentinamente surgían dificultades que la hacían impracticable o poco verosímil. Mi agitación fue extremada todo aquel día. La noche la pasé sin cerrar los ojos un instante. Era muy de mañana que me levanté sin haber todavía resuelto cosa alguna; y entre las muchas que me ocurrieron como mejores, dejé la elección para el momento más crítico según las circunstancias.»

«...me dejé caer encima de unas tablas... pedí agua, bebí y en consecuencia no celebré misa»

«Como la iglesia no era muy grande y estaba de otra parte sobrecargada de gente, me pareció que lo mejor era fingir una congoja, de cuya realidad no estaba muy distante por lo combatida que se encontraba mi imaginación, y por lo poco que había comido el día anterior. Tomada esta determinación me dirigí a la sacristía y me dejé caer encima de unas tablas. Los circunstantes se disputaban el honor de socorrerme. Otros fueron a avisar la novedad al general. Luego corrió la voz entre la gente que había en el templo, y lejos de haber nadie sospechado que fuese una ficción, todo el mundo fue de dictamen que así debió suceder atendido el mucho gentío y el grande calor que hacía.

»Me frotaron las sienes y labios con espíritus. Y cuando principié a dar muestras de un poco de alivio pedí agua. No hubo quien se atreviese a recordarme que debía ir a celebrar, y esto era lo que yo quería. Bebí, y en consecuencia se dispuso que supliese mis veces el capellán destinado para decir la misa postrera.

»Permanecí en la sacristía muy obsequiado del general y de otras personas que no me dejaron. Yo me iba aliviando a proporción que se concluía la misa. El general deseaba que nos retirásemos. Yo para mejor representar el papel, y con el objeto de no dar que sospechar contra la identidad de mi persona, dije que quería salir a dar la bendición al pueblo. El general y su esposa lo resistían por temor de un nuevo accidente, pero en vista de mi resolución, manifestaron agradecer tanta bondad.»

«...agarrado de las manos del general y del cura, me coloqué en el centro del altar mayor y dí mi bendición»

«Tomé en efecto la sobrepelliz y la capa, y agarrado de las manos del general y del cura me coloqué en el centro del altar mayor y dí mi bendición. Después de lo cual, volví a la sacristía aparentando hallarme muy fatigado. Todas las personas que me rodeaban elogiaron como un acto de valor el simple hecho de haber andado media docena de pasos para bendecir al pueblo, y me lo agradecían como un favor extraordinario y singular.

»Yo quedé todavía más satisfecho que ellas de esta memorable jornada. Me parecía un sueño lo que estaba pasando, y a pesar de verlo, no podía casi creer que nada se sospechase de mi farsa. Salimos por fin de la iglesia y llegamos a la casa del general donde había una fuerte guardia que me hizo los honores correspondientes a una persona real. Continué haciéndome el fatigado, y las dos monjas y la generala no cesaban de observarme y preguntar por mi bien estar.»

Cuadro situado en la iglesia de Saint-Charles de Sedán. "El segundo presente (obsequio) de la hermana María no fue tan del agrado de Mayoral: un traje completo de cardenal. "No sabía -decía- cómo ponerme los vestidos ni por dónde empezar". Mas nuestro pícaro protagonista salió del aprieto: "Afortunadamente hice memoria de que en una antesala... existía un retrato o imagen de algún santo cardenal; y por él saqué el orden de mis vestiduras. Héteos aquí a un pobre sargentillo hecho de repente un prelado de la Iglesia". Completó el ajuar cardenalicio con una cruz de oro y un anillo con un diamante.

Un buen día Mayoral recibe en su residencia de Sedán a una baronesa, antigua ayudante de cámara de la reina María Antonieta. La esposa de Luis XVI, María Antonieta de Austria, también había estado emparentada con el verdadero Cardenal de Borbón: era hermana del emperador Leopoldo II quien se esposó con una nieta de Felipe V, María Luisa de Borbón

Luis XVI, medalla de 1780. "Sacó la baronesa de su bolso una caja de oro para tabaco con un retrato de Luis XVI... para que yo tuviese el gusto de besar la imagen de aquel mártir de la Iglesia y primo mío".

María Antonieta fue sentenciada por el tribunal revolucionario el 14 de octubre de 1793, mientras que el rey Luis XVI ya había sido conducido al patíbulo el 21 de enero de ese año. Tras una sangrienta revolución y de un largo periodo bélico, la añoranza monárquica le era favorable al fingido Borbón.

Todas las autoridades de Sedán cayeron víctimas del fingido cardenal. El general de la plaza incluso lo llevó con todos los honores y guardia de coraceros a una campamento de prisioneros españoles en una villa próxima (posiblemente Montmédy) en donde fueron "recibidos con repiques de campanas, y sólo se oían repetidos gritos de ¡viva el cardenal de Borbón!". Detalle de la edición autobiográfica de Londres (1846).

La máxima autoridad eclesiástica de Sedán postrado ante el falso cardenal. Dibujo de la edición autobiográfica de Londres (1846). El anciano cura fue también víctima del engaño de Mayoral. La escena se completa con las representaciones de la superiora de la comunidad y de la mencionada hermana María, de quien el fingido cardenal se prendó.

Castillo de Sedán. Mayoral era invitado a la residencia del general y se hacía habitualmente con todas las altas jerarquías de la ciudad. Pero un día recibió "un golpe mortal": las autoridades y todo el pueblo le rogaron que celebrase los oficios divinos del santo patrón de la villa.

Altar mayor y puerta de la sacristía de la iglesia de Saint-Charles. Una vez en el altar, Mayoral recurre a "fingir una congoja" y "tomada esta determinación, me dirigí a la sacristía y me dejé caer sobre unas tablas". Una vez más, el ínclito sargento español lobraba salirse de un apuro.

El falso cardenal bendice, sostenido por el general y el capellán, a la multitud congregada dentro de la iglesia de Sedán. Dibujo de B. Planella y grabado de J. Amillo en la primera edición autobiográfica de Barcelona (1836). Habiéndose librado de celebrar la misa dado su fingido desmayo, Mayoral quiso representar su papel y salió a dar la bendición al pueblo.

Le obsequiaron con una gran corrida de toros y concierto

«Procuré no obstante mostrarme poco a poco enteramente restablecido porque se acercaba la hora de comer y debía reemplazar lo perdido durante las veinte y cuatro horas de terribles angustias. Veinte y dos personas nos sentamos a la mesa, habiendo durado la comida desde las dos hasta las seis, y luego fuimos a dar un paseo, acompañando yo a la generala, y el general a la superiora y a la monjita, viniendo además un séquito de oficiales y otras personas de distinción.

»Hubo aquella noche gran tertulia en la casa del general. Había preparada entre otras diversiones una orquesta, que según me dijo estaba expresamente destinada para obsequiarme. Le dí a entender que otra vez podría excusarlo porque esto no convenía a mi estado ni me lo permitían las circunstancias de una guerra tan sangrienta como era la que se hacía en mi país. Replicó entonces el general:

- Si S. Ema. gusta se suspenderá porque no tengo a quien obedecer más que a S.A.

»Pero yo respondí que no quería privar a los concurrentes de aquella diversión.

»Entramos enseguida en el salón de música, a donde se trasladó también lo más escogido de la reunión. Avistarme, levantarse todo el mundo, y romper la música, fue obra de un momento. Luego después de este saludo, parando la música, me pidieron las señoras mi bendición que les dí levantándome y poniéndose ellas y demás personas de rodillas, y consecutivamente, previo permiso que me pidió el general, principió el concierto. No se tocaba ni cantaba pieza alguna sin que antes se me pidiese la venia, y tuve la satisfacción de concederla a una linda niña de 16 ó 17 años que cantó a maravilla, a la que, por lo que me había gustado, le prometí 2.000 francos de pensión anual durante mi vida y la convidé a comer para el día siguiente, conforme lo ejecutó y obtuve con aquella ocasión su buena amistad.»

Escribió a su prima María Luisa, emperatriz de Francia, y le contestó

«Al cabo de tres o cuatro días, se presentó otro lance no menos serio que el anterior. El feliz resultado de éste me había hecho más atrevido. No había cosa que me arredrase, y llegaba a desear fuertes comprometimientos para tener el gusto de vencerlos. Vino por la noche el general a visitarme y dijo que me participaba que la emperatriz venía de Mayence y llegaría el día siguiente a Mezières pueblo distante cuatro leguas de allí, y añadió haber pensado que no fuera malo que yo le escribiese poniendo en conocimiento suyo mi desgracia y suplicándole al mismo tiempo la merced o permiso de residir fijamente en aquella población.

»Respondí al general que aprobaba su idea, y que no se me ofrecía otra dificultad, sino la de no saber por quien hacer entregar la carta en sus propias manos.

»Esto corre de mi cuenta —replicó el general— y la llevará el coronel comandante de los lanceros».

»Ya no hubo medio para dejar de hacerlo, y al día siguiente a las siete de la mañana envié al general un escrito que decía así:

»*Sedán, agosto 13 de 1813.*

»*A los pies de S.M. la emperatriz: Querida prima: te noticio que mi desgraciada suerte me ha colocado en la de prisionero incógnito en calidad de religioso, y me valgo de la ocasión de tu paso por esa para escribirte suplicándote que alivies mi suerte luego de tu llegada a París donde sabrás cómo ha sido. Sólo te ruego el honor de ver tu contestación. Firma: Tu primo rendido a tus pies, LUIS MARÍA DE BORBÓN, "Cardenal de Escala".*[44]

»Esta carta fue entregada a la emperatriz en medio del camino, y así que vio la firma dio la orden para que el portador siguiese la comitiva hasta llegar a Renwez[45] donde debían hacer descanso. Siguió en efecto hasta allí el comandante de lanceros, a quien llamó después la emperatriz poniendo en sus manos una carta le dijo que la entregase a su primo, y acto continuo le dio otra para el general.

---

44   Véase el capítulo III/1, apartado 7 (edición de 2005), en donde exponemos el parentesco que existía entre el verdadero cardenal de Toledo y la emperatriz María Luisa, segunda esposa de Napoleón. Nos referimos al libro *La Inquisición...* pág. 143.

45   Renwez, cantón de Francia (Los Ardennes), es del distrito de Mezières. Tiene unos 15 pequeños municipios. En la época del relato de Mayoral en Mezières (distante a 6 leguas de Sedán) se estableció un depósito de soldados españoles.

»Eran las diez de la noche del mismo día 13 que regresó aquel oficial, y entrando en mi gabinete, previo el recado de etiqueta, me entregó una carta substancialmente concebida en estos términos, pues la original me fue quitada en las aventuras que más adelante se verán:

»*Renwez, agosto 13 de 1813.*

»*Querido primo: a la distancia de seis leguas de esa he recibido tu apreciable carta que me ha causado mucho dolor viendo tu situación. Por ahora no puedo aliviar tu suerte, pero ordeno al general que te dé los honores que te pertenecen. Luego de llegada a París procuraré aliviarte. Tu prima, MARÍA LUISA, "Emperatriz de Francia".*

»Aunque todo era una farsa, no dejé de tener cierta satisfacción al recibo de esta respuesta, y parecíame que era realmente el cardenal de Borbón. Mi fantasía me llevaba hasta el extremo de creer que si en las reyertas de España venía a morir el verdadero cardenal de una manera que ofreciese duda, como sucede en batallas y en revoluciones, sería yo reconocido por tal hasta mi muerte. Conozco ahora que comenzaba a estar tocado de cierta manía sobre el particular.[46]

»Apenas se difundió la voz de este hecho vinieron gentes de todas clases a festejarme. Tuve guardia de honor con oficial y cuarenta hombres. Me hallaba lleno de gloria viendo formarse la guardia con tambor batiente cada vez que entraba y salía, y muy a menudo exclamaba yo: «¡Ah tontos, cuán engañados vivís!», y también con igual frecuencia decía: «¡Ah pobre Mayoral si se llega a descubrir, tu cabeza saltará del cuello!» Vino el día siguiente por la mañana el general a decirme que tenía órdenes de la emperatriz para que nada me faltase.»

Comentarios

1/ De Brive fue a Sedán, pero pasó por Limoges. Mayoral, en la declaración ante el Tribunal de la Inquisición, afirma que estuvo en Bayona, Montauban, Brive, Moulin de Barbanais, Sedán, Valence, Alemania, i después Busenberin, donde fue preso y conducido a España. No nos habla de Limoges, ni tampoco

46 Véase cap. III/1, apartado 5 de la edición de 2005.

los testigos hablan de Limoges, pero obviamente debemos advertir que de paso entre Brive y Sedán pasó por Limoges. A pesar de ello, en Sedán es donde se produjo la gran aventura de ejercer como cardenal.

2/ En un tribunal civil el reo acusado de impostor, si el suplantado era del rango similar al del cardenal (en aquellos años presidente de la regencia) suponía una gravísima pena. Por esto el intento de Mayoral es querer demostrar que él siempre lo negaba. Lo cual es totalmente falso, puesto que fue él quien empezó a decir (en Brive) que era el cardenal de Borbón. Pero "Su alteza D. Luis de Borbón", en el año 1816 —año en que Mayoral escribió su aventura— estaba totalmente postergado a causa de su pariente el rey Fernando VII, como veremos en el próximo capítulo. Aun es esto tuvo suerte nuestro falso cardenal de Borbón y la penalidad que le impuso el Tribunal fue mínima.

3/ En verano de 1813 la estrella de Napoleón ya estaba en declive. La campaña de Rusia había sido un fiasco. Algunos generales suspiraban los tiempos de los borbones y pactaron alianzas con ellos. Por esto se entiende el despiste al creer que estaban ante un cardenal tan importante como Luis María de Borbón, posible sucesor de Carlos IV en contra de Fernando VII.

4/ El marqués de la Romana a principios del siglo XIX era D. Pedro Caro Salas, célebre por sus expediciones al norte de España (a. 1807) y sus guerras contra los franceses en Asturias y Galicia. Falleció el 23 de enero de 1811.

5/ Montmedy está entre Metz y Sedán a unos 40 kilómetros de esta ciudad y cerca de Stenay. De Limoges a Sedán hay más de 500 Kilómetros. Era un viaje de más de una semana en aquella época.

6/ María Luisa era la segunda esposa de Napoleón, madre del rey de Roma.

7/ Las acusaciones del fiscal y de los testigos contra Mayoral insistirán en que llevaba pectoral. Pero de un modo poco convincente e ingenuo, afirma que: «...nunca usé de insignias más que una levita negra, una sortija de oro y una cruz con un crucifijo, pendiente de la levita, con una cinta morada, nada de esto consagrado, pues eran todas las insignias que llevaba de cardenal». Y en la declaración del 28 de septiembre de 1818, afirma: «que su traje era realmente una levita negra que llevaba un crucifijo de oro pequeño y traía un anillo de brillantes cuyas alhajas le había regalado una religiosa del Hospital de Sedán sobrina del general Masena».

8/ No nos indica el nombre de la baronesa ni el de la camarista de la Reina Antonieta.

9/ El vicario general de Sedán no existía puesto que no era diócesis. Sin embargo podía ser la autoridad máxima eclesiástica de Sedán. Quizá el rector de la iglesia de San Carlos, el templo más notable de Sedán convertido en iglesia católica, que anteriormente era calvinista. Sedán fue uno de los focos más importantes de calvinismo francés. En 1813 la feligresía católica dependía de Metz, no de Verdún, ya que esta fue suprimida el 29 de noviembre de 1801. Sedán dependía también civilmente de Metz desde el año 1641.

10/ El depósito de prisioneros españoles puede ser Stenay o Montmedy. Posiblemente el religioso servita, prisionero, era Casañas que declara ante el Tribunal de la Inquisición. Debía ser uno de esos que acudieron a recibir la bendición: «...un sujeto en Sedán se fingió el actual cardenal arzobispo de Toledo, usando pectoral y vistiendo a manera de capellán de regimiento; lo que sabe por haberle visto y recibido de dicho sujeto la bendición episcopal» (cap. V/2, doc. 53). «Sabe haber estado el tal sujeto en Verdún y Montmedy y lo vió en Stenay y en Sedán» (doc. 57).

11/ Los santos patronos de Sedán eran San Carlos y Santa Bárbara.

12/ Las excusas se repiten hasta la saciedad. Como se demuestra en todo el proceso. Eran simples escapatorias intentando así que no fuera culpado de intruso y falsificador; todo en vistas al proceso. Y no cabe duda que fueron oportunas esas tretas a las cuales incluso se embarcaron los mismos jueces.

13/ Fingir congojas, desmayos, repentinos ataques etc... serán las estrategias utilizadas frecuentemente por Francisco Mayoral, cuando no tenía escapatoria posible. Así los testigos lo afirman repetidas veces, tanto durante el proceso de la Inquisición, como en el de la auditoria militar.

14/ El ayuno eucarístico, vigente hasta el 6 de enero de 1953 —fecha de la publicación de la constitución apostólica «Christus Dominus» de Pío XII— exigía tanto a los sacerdotes como a los fieles que no podían comulgar si habían comido o bebido (incluso agua) después de las 12 de la noche anterior (canon 808 y 858). En occidente esta ley estaba ya en práctica desde fines del siglo II y en las iglesias de oriente se hizo obligatoria desde el siglo IV. Sin embargo Pío XII la mitigó reorganizando de nuevo, de manera más sencilla y práctica, toda la disciplina referente al ayuno eucarístico, en un nuevo documento denominado «Motu proprio Sacram Comunionem» de 19 de marzo de 1957. Estos documentos pontificios alteraron profundamente la norma del canon 808, carente ya de valor. Las últimas normativas papales excluyen el agua del ayuno eucarístico. El canon 808 prescribía: «No es lícito al sacerdote celebrar si no ha hecho ayuno desde la medianoche» y en 858: «El que no haya observado ayuno natural desde la medianoche, no puede ser admitido a recibir la Santísima Eucaristía, excepto en caso de peligro urgente de muerte o haya necesidad de impedir a profanación del sacramento...».

15/ Existe un grabado, que publicamos en el presente estudio, en el cual se figura esa bendición que fue elogiada, según refiere Mayoral, como «un acto de valor y un favor extraordinario y singular».

16/ A Mayoral le daban honores de «persona real», ya que según los franceses el cardenal de Borbón era infante y regente —en el periodo del exilio de los monarcas españoles— de la corona del país vecino. También le daban el tratamiento de «Su Alteza».

17/ La comida en honor del cardenal duró de las 2 a las 6. La orquesta amenizaba con música, posiblemente española, al seudocardenal y los comensales de tan pantagruélico banquete. Y no podía faltar la bendición cardenalicia, poniéndose de rodillas los convidados.

18/ El seudocardenal se muestra muy dadivoso dando dinero, o mejor prometiéndolo: «así a esta linda niña de 16 ó 17 años le prometió 2.000 francos de pensión anual». A los criados de Amabili les prometió también una pensión anual de 2.000 francos. «Señalóles a las monjas de Sedán 1.000 francos cada una durante mi (del seudocardenal) vida».

19/ Véase el esquema donde exponemos el parentesco entre el verdadero cardenal de Toledo y la emperatriz María Luisa, segunda esposa de Napoleón.

20/ Renwez, cantón de Francia (Los Ardennes), es del distrito de Mezières. Tiene unos 15 pequeños municipios. En la época del relato de Mayoral en Mezières (distante a 6 leguas de Sedán) se estableció un depósito de soldados españoles.

Al fin se descubre el engaño

En agosto de 1813 Mayoral se desmadra actuando como cardenal, sacerdote y obispo... Negará que fuera el autor de estos actos sacramentales, afirmando que siempre disimula: por ejemplo, no dice las palabras de la consagración, pero preside sacramentos. Sin embargo, nos constan estos actos por las subsanaciones que nosotros –los archiveros de Barcelona– hemos comprobado que existen en los libros sacramentales de las parroquias del norte de Francia, sur de Bélgica y sur de Alemania. Los mismos testigos del Tribunal del Santo Oficio nos lo testifican y algunos de ellos fueron sus víctimas. En nuestra edición de La Inquisición y el falso cardenal de Borbón, el español que burló al imperio napoleónico (Barcelona, 2005) pág. 209 sintetizamos estos datos acusatorios en el Tribunal de la Inquisición:

- El 25 de agosto de 1813 Mayoral celebró misa por San Luis, rey de Francia.

- En la última semana de agosto del año 1813 Mayoral celebró en tres o cuatro ocasiones. Junto a él, tenía al Padre franciscano Griver como asistente. Mayoral mantiene en todas sus declaraciones que él no pronunció las palabras de la consagración.

María Luisa de Austria, esposa de Napoleón. Un nuevo reto se le presentó de inmediato a Mayoral: el general de Sedán le informó de que se encontraba en las cercanías la emperatriz María Luisa y que debía escribirle para darle cuenta de su desgraciada situación.

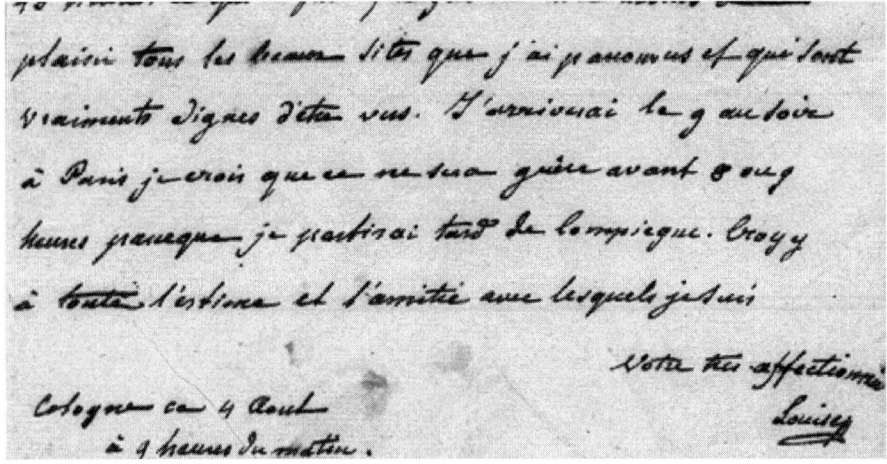

Autógrafo de la emperatriz María Luisa de 1811. La carta de Mayoral es entregada en mano por el coronel comandante de los lanceros de Sedán a la Emperatriz, quien responde con otra al farsante: "Renwez, agosto 13 de 1813 / Querido primo: A la distancia de seis leguas de esa he recibido tu apreciable carta, que me ha causado mucho dolor viendo tu situación. Por ahora no puedo aliviar tu suerte, pero ordeno al general que te dé los honores que te pertenecen. Luego de llegada a París procuraré aliviarte / Tu prima / María Luisa / Emperatriz de Francia".

París. El 24 de agosto de 1813 las autoridades de Sedán recibieron la orden de París de trasladar a Mayoral a la fortaleza de Lille. Seguramente la Emperatriz habría comunicado en la capital francesa la extraña misiva de Mayoral, y allí conocían que el auténtico Cardenal de Borbón estaba en España como regente y liderando la oposición a la invasión nepoleónica.

El Vieux Moulin de Charleville-Mézières. Llegado a Mézières -aún con ínfulas cardenalicias al no haber sido interrogado todavía por las autoridades de Lille- Mayoral manifiesta haber intercedido en favor de los prisioneros españoles que no recibían asistencia religiosa en esa villa. Pero para él, el hecho más significativo ocurrido en esa población sería la separación de su amada monja María, a la cual había prometido llevar a España: "Yo la quería y no era menos dolorosa la separación".

Hotel de Ville, el Condé sur l'Escaut. En su camino hacia Lille, la escolta de Mayoral hizo un alto de 10 días en Valenciennes y Condé sur l'Escaut. En esta última villa había un gran contingente de prisioneros españoles. El falso cardenal, aún sin desenmarscarar, cometió en estos lugares numerosas tropelías que en su autobriografía pasó por alto o negó, pero que certificaron después diversas de las víctimas ante los tribunales de Barcelona.

El 27 de agosto de 1813, Francisco Mayoral confesó al teniente Buenaventura Gavaldá y a su prometida Carmen Gómez antes de celebrar su boda en Condé sur l'Escaut. Dibujo de la segunda edición autobiográfica de Barcelona (c. 1880).

María Antonia de Borbón. A su llegada a Lille, Mayoral es agasajado por la Marquesa de Coupigny, a quien ya conocía de Valenciennes. La marquesa había sido ayudante de cámara de la desventurada princesa de Asturias, María Antonia de Nápoles-Sicilia, primera esposa de Fernando VII, fallecida en 1806. A su simpatía por los Borbones se unía que su esposo, el marqués de Coupigny, era Antoine Malet, mariscal de campo del ejército español que luchaba contra Napoleón. Tuvo una principal participación en la batalla de Bailén el 19 de julio de 1808.

Fernando VII. Carta de Mayoral al príncipe Fernando: "Ciudadela de Lille, 21 setiembre 1813 / Querido Fernando: no creo ignores que me hallo en esta fortaleza, y pongo en noticia tuya que ha habido en ésta un eclesiástico español que ha declarado que no soy el cardenal de Borbón: no dudo de que conocerás mi letra, a menos que el tiempo y las desgracias te hayan hecho trascordar de ella, y te encargo por lo mismo que sin detención saques de duda a este Gobierno. te ruego pidas que se me destine a otra parte que corresponda mejor a mi persona. No quiero serte más molesto, y quedo con el deseo de que llegue el día feliz de abrazarte. Tu primo, / Luis María de Borbón".

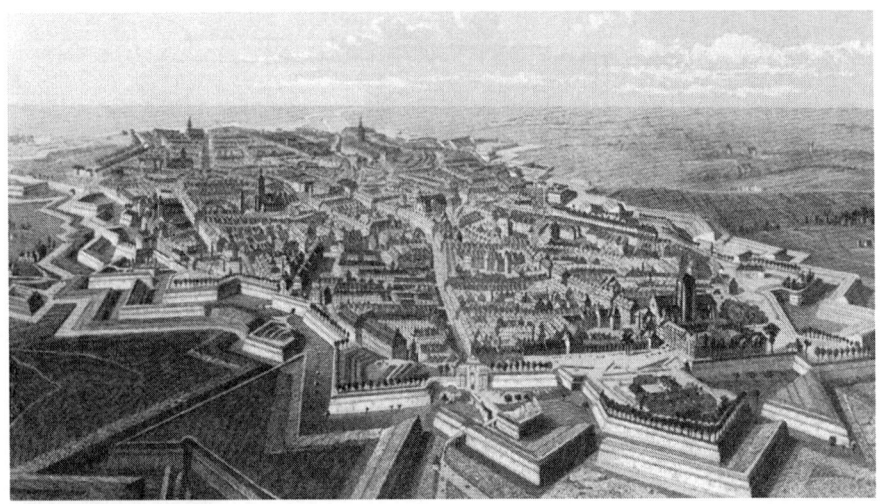

Ciudadela de Lille en el siglo XIX y en la actualidad. En la fortaleza de esta ciudad Mayoral es interrogado por las máximas autoridades de la plaza. el testimonio de un sacerdote, ordenado en Toledo por el verdadero cardenal, es demoledor contra el falsario Borbón. Pero Mayoral ya es un consumado impostor y, ante la duda, el general de Lille le dice: "En vista de vuestra relación, puede V. Ema. escribir una carta al príncipe de Asturias, y su respuesta nos sacará de dudas".

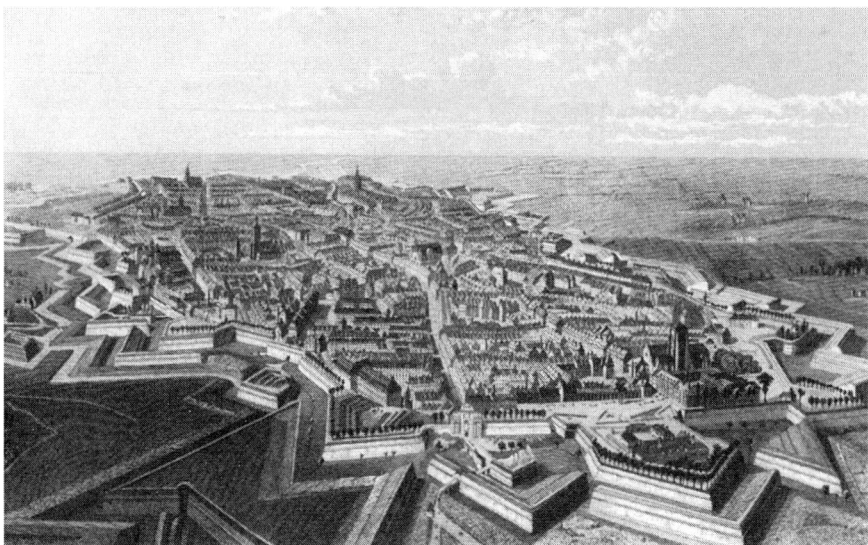

Toledo (Braun and Hogenberg, 1598). En el inhóspito encarcelamiento de Lichtenberg (*fotografía superior*) el capitán español Palafox, conocedor del auténtico arzobispo de Toledo e indignado ante la contumaz insistencia de Mayoral en su mentira, le espetó: "Señor mío, usted será quienquiera; será un gran personaje de España, un obispo, un arzobispo u otro diablo, pero el Cardenal de Borbón no es usted"."

Al quinto día de haberse remitido la carta al príncipe de Asturias, Mayoral es encarcelado. Se había contrastado la falsedad de su relato, pero seguía habiendo dudas sobre su verdadera personalidad. El 1 de octubre de 1813 parte con escolta hacia la fortaleza de Lichtenberg, cercana a la frontera con Alemania.

Castillo de Lichtenberg. El 4 de octubre de 1813 Mayoral llega a Lichtenberg. La fortaleza es prisión de numerosos españoles, algunos de los cuales conocían al verdadero cardenal de haberlo visitado en el palacio arzobispal de Toledo. Su testimonio conduce al falsario directo a las mazmorras.

Retirada de las tropas nepoleónicas de Rusia por el paso de Beresina (1812). Despues de la desastrosa campaña rusa había principiado la debacle del Imperio. La proximidad de las fuerzas aliadas obligan al traslado de los prisioneros españoles a otra fortaleza en Bouillon.

El castillo de Bouillon se encuentra actualmente en territorio belga.

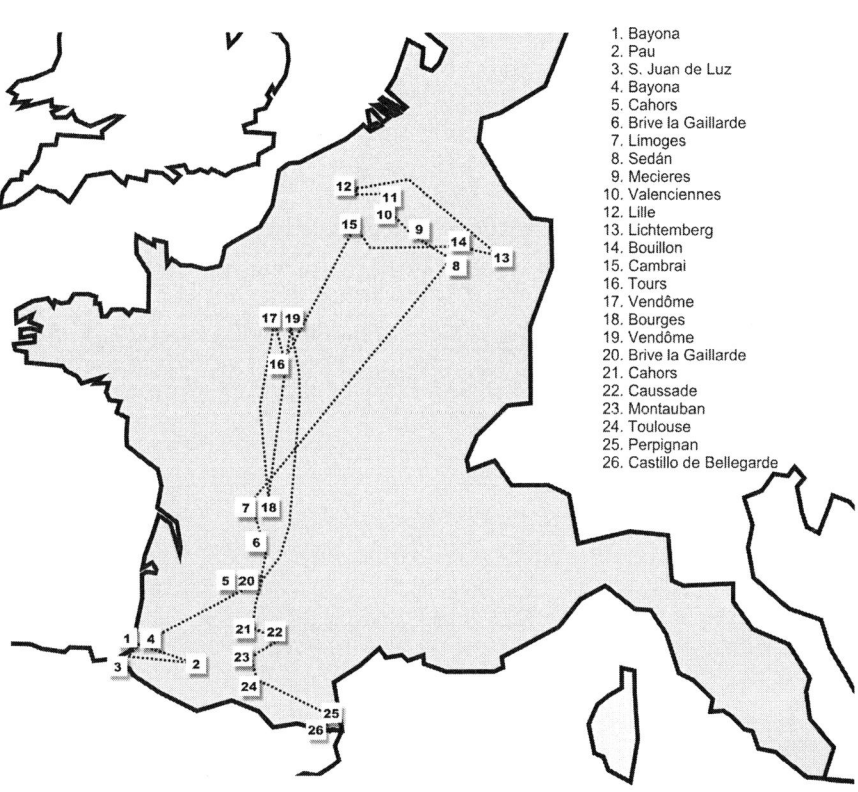

1. Bayona
2. Pau
3. S. Juan de Luz
4. Bayona
5. Cahors
6. Brive la Gaillarde
7. Limoges
8. Sedán
9. Mecieres
10. Valenciennes
12. Lille
13. Lichtemberg
14. Bouillon
15. Cambrai
16. Tours
17. Vendôme
18. Bourges
19. Vendôme
20. Brive la Gaillarde
21. Cahors
22. Caussade
23. Montauban
24. Toulouse
25. Perpignan
26. Castillo de Bellegarde

Trayecto del sargento Francisco Mayoral, fingido cardenal de Borbón, por Francia (1810-1814)

- En el mes de agosto Mayoral presenció el matrimonio de Buenaventura Gabaldà.

- En otra declaración del Tribunal de la Inquisición nos dice que «les dio la comunión».

El Padre Griver declara ante el Tribunal de la Inquisición que asistió a la misa celebrada por Mayoral, pero él estaba ausente en las celebraciones de matrimonios.

- Un testigo del Tribunal de la Inquisición llamado José Criado nos dice textualmente «asistí al casamiento de la hija de Martínez con B. Gabaldà, a la misa de bendición, Mayoral les dio la comunión después de confesarlos. Iba con pectoral y expuso solemnemente el Santísimo».

Después de las anteriores consideraciones previas, presentamos el relato de Mayoral, que intenta por todos los medios –sin conseguirlo– justificar su acusación con la atenuante así de engañar y castigar lo que los franceses habían ultrajado a su patria, o sea, la del falso cardenal.

Viaje a Lille de Flandes. «En Mezières prediqué como un misionista»

«Diez días se pasaron con obsequios, siendo yo públicamente reconocido por el cardenal de Borbón, cuando el undécimo a las dos de la madrugada vienen al convento el general y el prefecto, y llamando a la superiora le dijeron que viese cómo podría hacerse saber a su Eminencia la muy funesta noticia de la orden llegada de París para que inmediatamente marchase a la fortaleza de Lille en Flandes. Añadieron que todo estaba prevenido y que era preciso avisarme sin dilación.

»Tan inesperada novedad llenó a las monjas de consternación. Entraron muchas de ellas a tropel junto con dichas autoridades en mi aposento. Me sobresalté al ver tanta gente con luces, y al oír sollozos. La monjita me abrazaba, otra me besaba la mano, y el general acercándose me dice:

- Emo. y Sermo. Sr., tengo el dolor de comunicar a V. Ema. la orden de S.M.I. para que marche inmediatamente y todo está prevenido debiéndose levantar testimonio de la hora de salida.

»Sorpresa semejante no es fácil describirla, pero me quedó todavía un rayo de esperanza en el tratamiento que el general me daba, en términos que no dudé de que en París se me tenía por el cardenal. Resolví por tanto no desdecir mi papel, y respondí con ánimo sereno y tono humilde:

- Hijos míos, no hay que suspirar sino conformarnos a la voluntad de Dios y a las órdenes del soberano.

»Al oír esto, se pusieron a llorar todos los que se encontraban presentes, y reparé que decían que mi resignación era la de un santo.

»Salióse luego toda la gente del cuarto. Me vestí a toda prisa. Preparé mi maleta, y era muy poco entrado el día que me hallé en disposición de salir de la villa. No sé cómo ponderar el despido de las monjas. Todas llorando me pidieron la bendición. Me rogaron que no las olvidase, y se lo prometí de veras. La monjita pidió permiso de acompañarme hasta la primera población donde fuésemos a pernoctar, y yo le respondí que el de la superiora debía solicitar porque el mío siempre lo tenía concedido. No le costó mucho alcanzarlo, pues mis insinuaciones eran preceptos para aquellas buenas mujeres, y así fue que tuve compañía hasta la villa de Mezières para donde salí en un carruaje escoltado por ocho coraceros y cuatro gendarmes, habiéndome acompañado el general y otras personas muy cerca de media hora de camino.

»Como la referida villa era depósito de soldados españoles prisioneros, y se había esparcido la voz de mi llegada, encontramos a una porción de ellos que habían salido a recibirme y me saludaron con repetidos vivas al cardenal de Borbón. Esto pasó: entramos en la villa, y llegué a la posada que de antemano se me preparó.

»No había aún pasado media hora, que vino a cumplimentarme el capellán del depósito. Éste después de un ratito de conversación general la hizo recaer sobre su persona y se me quejó agriamente del cura de dicho pueblo porque desde algún tiempo no le permitía confesar a los prisioneros españoles ni administrarles los otros sacramentos. Le pregunté si había dado algún motivo para ello, y habiendo contestado que su conducta era irreprehensible como resultaría de los informes que yo tuviese a bien tomar, le dije que hiciese saber al cura que yo tenía deseos de hablarle, y se marchó.

»No tardó mucho tiempo a venir. Me cumplimentó como mejor supo. Me ofreció cuanto tenía, y me preguntó cuál era el objeto por que le había llamado. Traté de averiguar los motivos que tuviese para haber suspendido las licencias al cura español, y habiendo conocido que eran simples rivalidades, le reconvine con majestad, le hice presente el cargo de conciencia en que se hallaba porque los españoles no recibían socorros espirituales, y añadí que yo no podía mirar con indiferencia que mis compatriotas muriesen como bestias. Prediqué como un misionista, y el cura me prometió que no le impediría en adelante el ejercicio de su ministerio.

»La monjita no gustaba de estas visitas porque le robaban los momentos que habían destinado para despedirse de mí. Lloraba de continuo. Apenas probamos un bocado de la espléndida cena que nos pusieron. Nuestras miradas eran el reflejo de nuestros corazones partidos de dolor.

- Mi soberano —me decía ella con amargo llanto— se acaban las horas de mi felicidad, y llega el momento terrible de perder a un padre y a un amigo...

»Me recordó mi promesa de que la permitiría seguirme en Francia, en España, y en todas partes. Y se caía casi desmayada a mis pies. Yo la quería, y no me era menos dolorosa la separación. Debía no obstante guardar circunspección por el traje que vestía, y era forzoso evitar todo motivo de escándalo en la casa.

»Procuré consolarla llenándola de esperanzas que desmentía mi corazón. Le prometí bajo palabra de príncipe y cardenal que llegando a mi destino practicaría las diligencias convenientes para que me siguiese a donde quiera que yo parase. La hice presente que no debía dudar de mi cariño, pues la separación era hija de una orden soberana, y que si voluntariamente hubiese debido hacerlo jamás me habría movido de su lado. En fin, le dije que poseería mi corazón hasta morir.

»Llegó el momento de partir a las 4 de la madrugada, y dándome mi amiga el último abrazo, y recordándome que yo había sido su primer amor, puso en mis manos un paquetito que contenía la suma de tres mil francos.

»Con éstos y con dos mil más que yo traía de Sedan tuve para regalarme muy lindamente en el viaje para la Ciudadela de Lille. Los gendarmes mismos que me conducían iban publicando por todos los pueblos del tránsito que yo era el cardenal de Borbón, y esto era causa de que me viese continuamente obsequiado. Pasé por algunos depósitos de prisioneros españoles, y en todos ellos dejé bastante dinero, pues no estaba en mi dejar de socorrerles viéndolos tan miserables.»

En Valenciennes y en el depósito de Condé

«Otra de las jornadas fue la de la llegada a Valenciennes donde como de costumbre fui alojado en la cárcel, aunque en una habitación muy decente. Llegamos muy temprano y tuve deseos de saber si por allí había también compatriotas míos. Lo pregunté a la hija del carcelero que era más hermosa que esquiva, y me respondió que conocía a un sargento llamado Juan Bautista el cual me daría razón de todo. La encargué que lo enviase a buscar, bien distante de sospechar que su visita tuviese los resultados que luego se verán.

»Vino al momento el buen hombre, y como iba enterado de que le llamaba el cardenal de Borbón entró haciendo los honores debido a una real persona. Me dijo que en aquel hospital había seis oficiales enfermos y que en un pueblo distante cosa de unas dos horas había un depósito de individuos de dicha clase y un general. Dije que hubiera sido gustoso de verlos, y al oír esto el sargento se fue él mismo a participarles aquella novedad.

»Algunos de dichos oficiales como verdaderos patriotas y leales vasallos de su soberano se presentaron sin pérdida de tiempo, siendo otros de ellos el coronel D. Juan Sandoval, el teniente coronel D. Luis Chaparro, otro llamado Iselme, y otro Losada con sus señoras esposas. Confuso me hallé al recibir el recado de tantas personas que querían besarme la mano. Mi temor era grande de que hubiera quien conociese al cardenal de Borbón.

»Entraron en una ocasión en que me hallaba conversando con la hija del carcelero, habiendo servido de introductor el sargento Bautista. Al acercárseme, todos doblaron sus rodillas, y yo lastimándome y haciendo como quien se aflige, les eché la bendición y díles a besar la mano. A las señoras se la dí también para ayudarlas a levantarse.

»Hice que se sentasen y principió una larga conversación. Unos me decían:

- ¡Cuántas guardias he hecho en el palacio de V. Ema.!

»Otro añadía:

- Luego que vi a V.A. le he conocido.

»Otros manifestaban haberme visto en Toledo paseando con mi hermanita, y otros en prueba de que me conocía dijo haber servido en el cuerpo de reales guardias de Corps. Yo viéndoles tan ciegos y preocupados creí que la providencia quería que siguiese mi papel. Y no temiendo ser descubierto, quise que se quedaran a comer conmigo.

»Había de hacer descanso el día siguiente, y con este motivo, o en vista de la relación que hicieron aquellos oficiales a sus compañeros, se me presentó el brigadier D. Joaquín Navarro y otro jefe con el comandante del depósito y un capellán. Me dieron el tratamiento y honores correspondientes, y ya nadie dudaba en la población ni entre los oficiales del depósito de Condé de que yo era el arzobispo de Toledo.

»El general francés mandó a llamar al brigadier Navarro y otros oficiales, e informando y asegurado por ellos y por los papeles relativos a mi traslación a Lille, de quién era yo, vino inmediatamente a tributarme sus obsequios abrazándome y pidiéndome perdón de no haberlo hecho antes por parecerle imposible que yo hubiese padecido tan grande descuido como era menester para caer en la desgracia de ser hecho prisionero. Me ofreció su casa y cuanto necesitase, y que pidiese cualquier favor que dependiese de él.

»El buen éxito de los lances expresados hízome muy atrevido. Quise parecer un héroe de romance, y así como cualquiera en mi puesto habría tratado de alargarse y buscar aventuras en otro paraje, yo por el contrario desafié a mi destino.

»Dije pues al general que únicamente le pedía la gracia de permanecer descansando ocho o diez días entre mis paisanos. Por supuesto que se me concedió, y los pasé grandemente en compañía de varios oficiales que tuve siempre a comer, gastando en esto y en obsequiar a las patronas el dinero que bañado en lágrimas me entregó la monjita al tiempo de nuestro despido.

»Durante estos días sucedió que dos oficiales me presentaron sus solicitudes pidiendo licencia para contraer matrimonio, creídos de que mi permiso les serviría a su tiempo para el goce de viudedad. Pero no quise exponerles a una desgracia que recaería sobre víctimas inocentes, y bajo pretexto de odio a todo lo que fuese francés puse el decreto: «No ha lugar a lo que se pide».

»En dichos diez días hice un gasto de mil francos, y era preciso reponer el déficit. Yo había prometido a Navarro el grado de Mariscal de campo, y al capellán nombrarle primer tesorero de mi palacio. Dije pues a este último que se habían agotado mis caudales, que de un momento a otro los esperaba de España, que con este objeto había pedido permanecer unos días allí, que ya no tenía más remedio que marchar, y que viese de manera de arreglar con el brigadier que se me entregasen mil francos.»

En Lille «...Dios se complacía en tener ciegos a españoles y franceses»

«Yo no sé cómo el capellán (P. Griver) se lo gobernó. Lo cierto es que vino esta cantidad, y salí para mi destino acompañado de otro capellán y del coronel Sandoval. Llegamos a la famosa villa de Lille. Nos apeamos en la mejor fonda, y como en Valenciennes me había visitado la marquesa de Coupigni le envié un recado participándole mi llegada.

»Si nos contasen mi historia como cosa sucedida tres siglos atrás apenas habrían quien no la tuviese por un cuento de viejas. Nadie querría creer que por tantos pueblos y tantas gentes se me tuviese por el cardenal Borbón a pesar de no llevar la más mal forjada credencial. Parece que Dios complacía en tener ciegos a españoles y franceses. Esa misma marquesa de Coupigni que había sido camarista de la Princesa de Asturias afirmaba que yo era el verdadero cardenal, y lo mismo decía un francés que acompañaba a la marquesa y había servido en España.

»Dicha marquesa se nos llevó a su casa donde fuí tratado como convenía a la alta persona que representaba. Y aquella noche vinieron a cumplimentarme el vicario general, y otras personas distinguidas.

»Retirámonos bastante tarde a la posada. Y serían sobre las diez de la mañana del día siguiente que pidieron hablarme dos gendarmes y me dijeron:

- Venimos, monseñor, de parte del general de la plaza a saber si V. Ema. se halla dispuesto a recibir sus obsequios».

»Yo les contesté que le dijesen que siempre que fuesen de su gusto, y se retiraron.

»A cosa de media hora después, se me presentaron el general, el gobernador, y el mayor de plaza. Y el primero de ellos luego de haberme cumplimentado dijo:

- Hace seis días que S. Ema. tiene preparado el alojamiento, y cuando guste marcharemos.

»Quise antes servirles un refresco de licores y bizcochos que aceptaron, y, concluido que fue, me llevaron a la Ciudadela.

»Todo el depósito de prisioneros, que era muy numeroso, me estaba aguardando formado, y al avistarme prorrumpió en vivas al cardenal de Borbón. Yo les eché la bendición y les exhorté a tener constancia y fidelidad al soberano, pues la Providencia no nos abandonaría. Enseguida me llevaron a la casa del gobernador donde fui muy bien recibido, e inmediatamente mandé llamar al que servía de intérprete. Quise saber de éste cuáles eran los prisioneros que se encontraban más necesitados, y habiendo respondido que eran los de la Casamata, le dí quinientos (sic) francos delante del gobernador para que se los repartiese.»

«El general me dijo: ...el cardenal de Borbón está en España y es presidente de la Regencia. ¿Cómo puede estar prisionero en Francia?»

«Después de haber descansado fuí conducido al alojamiento preparado, donde encontré un religioso francisco (franciscano) destinado para acompañarme, y dos prisioneros para asistirme. Esto y el tratamiento que recibía de aquellos familiares me dio a conocer que todavía duraba el engaño. Y me lo acabó de persuadir el haber recibido el día siguiente el aviso de que el otro inmediato vendría a visitarme el general con toda la plana mayor.

»Aunque debía haberme acostumbrado ya a semejantes visitas, me causó sorpresa y confusión aquel anuncio, por si acaso en la comitiva hubiese alguno que promoviese cuestiones a que yo no supiese responder. Esto me tenía en bastante cuidado, pero había resuelto seguir el papel por más que me costase la vida.

»Llega el momento temido, y recibo con majestad a aquellos caballeros. Dispuse que se sentasen, y la primera cosa que me dijo el general fue que no sabía cómo yo podía haber sido hecho prisionero, pues tenían cartas de España, en que se anunciaba que yo era presidente de la Junta de Regencia, y otro sujeto, que era un comisario ordenador, me preguntó si yo sabía que algún tiempo atrás un español se fingió cardenal en una villa llamada Brives y que con los gastos que hizo, causó la ruina de una señorita.»

«Vime cogido y perdido... Pero hubo quienes dijeron que yo era el cardenal y otros que no»

«Vime cogido y perdido. Es imposible que no se me conociese la agitación que esto me causó. No supe qué responder, y preferí adoptar el silencio, en el cual a lo menos no encontrarían confesión ni contradicción, y seguirían en la misma duda. Respondía que por entonces no podía contestar a aquellas preguntas, pero lo haría dentro de tres o cuatro días.

»Se excusó el general de haberme molestado, y pidiéndome permiso para retirarse lo verificaron todos. Me quedé solo considerando la importancia y malicia de los interrogatorios, y no creí salir del lance, pensando en morir de un día al otro.

»El general mandó al gobernador que tuviese siempre un sargento a mi vista para presenciar todos cuantos pasos diese, y ordenó además recibir mis declaraciones a varios oficiales prisioneros hijos de Toledo y de las ciudades vecinas. Entre éstos los hubo que dijeron que yo era el cardenal, y otros que no. De suerte que el gobernador se halló en el mayor conflicto, tanto más en cuanto el número de los que afirmaban excedía al de los que negaban.»

«Un capellán toledano ordenado por el cardenal de Borbón, después de haberme mirado largo rato le dijo al general que yo no era el verdadero arzobispo de Toledo»

«Sucedió en esto que un caballero oficial de Toledo dijo al gobernador que estaba allí un capellán, hijo de la misma ciudad, el cual por fuerza debía conocerme con motivo de haber sido ordenado por el cardenal de Borbón. Fue consecuente a esto que le enviasen a llamar, y a los siete días de la arriba dicha visita del general, volvió otra vez éste con el gobernador, otras personas y el referido capellán español.

»Al entrar el general, y después del saludo estilado, me dijo estas palabras que fueron una saeta que me traspasó:

- Aquí tiene V. Ema. a un eclesiástico español, y creo que le ordenó V. Ema. pues ha hecho sus estudios en Toledo y es hijo de la misma población.

»Y dirigiéndose luego al eclesiástico le dijo:

- Dígame Vd. padre capellán, ¿conoce Vd. al señor por el cardenal de Borbón?

»Vime perdido, y mucho más todavía al oír la respuesta del capellán, quien después de haberme estado mirando un largo rato dirigió la voz al general diciendo que su carácter no le permitía faltar a la verdad y que no podía menos de manifestar que yo no era el verdadero arzobispo de Toledo, pues conocía muy bien a S. Ema. de quien había recibido órdenes mayores. Añadió que ésta era su declaración, pero que también debía decir que tenía oído que yo era un alto personaje de España disfrazado de cardenal para sus fines particulares.»

«Casi todos declararon que yo no era el cardenal. Por esto pedí que se me permitiera presentarme a mi primo el rey Fernando (VII) que estaba en Francia y le escribí

«Acabado esto, volvió el general la vista hacia mí, y dijo: «Y Vd. qué responde a lo que acaba de oír de este eclesiástico?» Ya perdí toda esperanza de sostener por más tiempo la farsa. Tan sólo me consolaba la idea de que iba a representar a otro personaje, según la indicación del capellán, y que con motivo de esto no sería tan malo el tratamiento que recibiría en adelante, como debía esperarlo. Siguiendo no obstante mi sistema de buscar treguas y dar tiempo al tiempo, respondía al general que supuesto que las personas reales de España se encontraban todas en Francia, se me permitiese presentarme a mi primo el rey Fernando, en cuya ocasión verían cuán injustamente habían desconfiado de mi palabra.

»El tono resuelto y aire de verdad con que me produje conocí que hacía impresión, y las miradas que se dieron el general y demás circunstantes entre sí me convencieron de que entraban otra vez en duda y fueron un rayo de esperanza para mí. En efecto, usó ya distinto lenguaje el general y dijo: «En vista de vuestra relación, puede V. Ema. escribir una carta al Príncipe de Asturias y su respuesta nos sacará de dudas para hacer a V. Ema. los honores que le pertenecen». Y con esto se retiraron.

»A pesar de que estaba resuelto a todo y que habiendo escrito tiempo atrás a la emperatriz de Francia no debía parecerme tan nuevo hacer otro tanto con el rey de España, no sabía cómo tomar la ocasión porque esto no era ya hacerse burlas con el enemigo. Se pasaron así los días, durante los cuales vinieron a visitarme una porción de personas con el objeto de averiguar la identidad de la que representaba yo, y habiendo casi todas declarado que no era el verdadero cardenal, se irritaron más las autoridades y el gobernador vino a comunicarme de parte del general que si no escribía pronto la carta a mi rey, tomaría una seria determinación.

»Estrechando en estos términos tomé la pluma y puse substancialmente una carta en la forma siguiente:

»*Ciudadela de Lille, 21 septiembre 1813.*

»*Querido Fernando: no creo ignores que me hallo en esta fortaleza, y pongo en noticia tuya que ha habido en ésta un eclesiástico español que ha declarado que no soy el cardenal de Borbón. No dudo de que conocerás mi letra, a menos que el tiempo y las desgracias te hayan hecho trascordar de ella, y te encargo por lo mismo que sin detención saques de duda a este gobierno. Te ruego pidas que se me destine a otra parte que corresponda mejor a mi persona. No quiero serte más molesto, y quedo con el deseo de que llegue el día feliz de abrazarte. Tu primo, LUIS MARÍA DE BORBÓN.*

»Conocí (Mayoral) muy bien hasta dónde llegaba mi criminal atrevimiento, pero no lo hice para ultrajar a mi soberano sino para continuar un engaño a una nación enemiga. Siempre he sido un soldado fiel a mi rey y a mis banderas como mis jefes informarán y debe constar en la hoja de servicios. Ya que no podía vengar con las armas a mi patria, me complacía en hacer burla de los usurpadores, y en socorrer a costa suya mis necesidades y las de mis compatriotas prisioneros.»

«...Al quinto día de haber enviado la carta fuí metido al calabozo»

«Concluida la carta la remití al gobernador, quien, según supe después, le dio efectivamente el debido curso. Durante los primeros cuatro días no hicieron más que redoblar la vigilancia para tenerme con seguridad, y al quinto fuí metido en un calabozo y despojado de todo cuanto se había destinado para mi servicio y comodidad. Pedí hablar con el gobernador viéndome tratado de aquella manera. Me quejé agriamente y le reconvine por el maltrato que se me daba. Le dije que no era aquél el modo de portarse con una persona de mi clase, y le amenacé de dar parte al gobierno. Me escuchó con sorpresa, y ofreció que daría cuenta al general y me comunicaría su contestación.

»Seis días pasaron teniéndome del todo incomunicado, sin que el gobernador me trajese respuesta alguna, y sin ver a nadie más que al carcelero, cuando me entraba el alimento. El día sexto a cosa de las once de la noche oí abrir la puerta del calabozo, y entrando el mayor de la plaza y un sargento de la gendarmería. Éstos me dijeron secamente que me levantase. Quise preguntarles qué novedad era aquélla, pues no era hora de marchar ni de presentarse en parte alguna. La contestación fue repetir con tono más fuerte que me levantase porque era preciso.

»¡Ay pobre Mayoral! dije entre mí. Me levanto, y luego de levantado me trajeron un vaso con licor y bizcochos y me ofrecieron caldo y cuanto quisiera. Creí ver en el vaso una copa de veneno, o, a lo menos me pareció que me ponían en capilla, en cuyos casos se es muy generoso y complaciente con los reos. No hacía otra cosa sino pedir perdón a Dios de mis culpas. Sentía no obstante que hubiese durado tan poco tiempo el engaño que hice a los franceses, y sobre todo tenía un vivo pesar de morir sin haber podido escribir ésta mi historia, para que mi amada patria pudiese tener noticia exacta de lo que seguramente trataría de ocultar la Francia llena de vergüenza por haber sido irrisión de un miserable sargento español. (sic)»

Viaje a Lichtemberg

«Para dar a los que creí mis verdugos un testimonio de mi serenidad tomé dos bizcochos y bebí el licor. A la media hora, esto es, a las once y media poco más o menos llegó el gobernador y me dijo que previniese y tomase mi capa y el sombrero. Obedecí sin chistar palabra. Fuí siguiendo los pasos de mis conductores, y al salir a la calle me vi entre seis gendarmes y ocho o nueve soldados de la guarnición, llevándome en medio el gobernador y el mayor de la plaza.

»Mi corazón estaba contristado. Ideas tétricas acometían a mi imaginación. Me parecía que iba a pagar en breve los buenos manjares que había comido y los altos honores y obsequios recibidos de personas de todas clases y jerarquías. Me servía de no pequeño consuelo el pensar que supe engañar a una nación que nos tiene por bárbaros e imbéciles y que ella sola se pinta ilustrada y astuta. Y tampoco dejaba de aliviarme el recuerdo de los muchos socorros que había prestado a mis compatriotas prisioneros, quienes publicarían mi honradez y buenos sentimientos.

»Llegamos al rastrillo del fuerte donde divisé un carruaje con 4 caballos, teniendo abierta la portezuela. Respiré, pues no dudé de que estuviera destinado para mí y que por mala que fuese mi suerte no lo sería tanto como me había figurado. Nos detuvimos al pie del coche, y el gobernador me dijo que subiese, encargándome que no diese qué sentir al sargento de la gendarmería que me acompañaba. Añadió que nada me faltaría en el viaje, el cual sería precipitado, andando de día y de noche, y tomándome de la mano me exigió mi palabra de honor de no comprometer de modo alguno a dicho sargento. Éste entró conmigo en el coche, y echamos a andar largo trote. Mi turbación duró un buen rato, y quedé alelado por un inesperado tránsito de muerte a vida. Temí no obstante recobrarle para perderla luego después de mayores y más terribles choques. Me acordaba de mi demanda relativa a que me llevasen a la presencia del Sr. D. Fernando VII, y temblaba al pensar que mi viaje podría tener este objeto. Mi sobresalto no era tampoco pequeño para el caso de que me llevasen a París, donde de prisión debía haber personas que conociesen al cardenal de Toledo.

»El trato que me daba mi guardián, el haberme metido en un coche de lujo, el modo con que me habló el gobernador en el momento del despido, y el haberme asegurado que nada me faltaría, todo esto me hizo concebir la idea de que aún no quedaba desvanecida la duda acerca de mi persona, y redobló mi temor de ser conducido a París o a la presencia de Fernando VII. No me ví con paciencia para permanecer en tal incertidumbre, y determiné hacer una de las mías.

»Reparé que el sargento de gendarmes había metido dos pistolas en las bolsas del coche, y para realizar mi proyecto esperé a ver lo que haría él en la próxima parada para la muda de caballos. Llegado que hubimos a la primera posta, no quise bajar como me ofreció el sargento para satisfacer mis necesidades naturales, pero lo hizo él. Con este motivo u ocasión me apoderé de sus dos pistolas.

»Luego que volvimos a andar arremetí con tono fuerte y majestuoso a mi compañero, y le dije:

- Sr. sargento, me reconoce Vd. por persona de honor y de grande dignidad y sangre real.

»A lo que contestó:

- Sí, monseñor.

- Pues bien —repliqué—, es preciso que me diga Vd. a dónde me conduce, porque pretendo y quiero saber cuál será mi paradero.

»Al mismo tiempo que le hablé así, saqué las pistolas, y entregándole una de ellas añadí que no debían pasar muchos minutos sin que yo lo supiese o sin que uno de los dos hubiese perdido la vida.

»Sorprendido el sargento con mi arrojo y decisión, procuró ablandarme manifestando que llevaba órdenes secretas y no podía comunicármelas sin faltar gravemente de su obligación, pero que no temiese de ningún modo por mi vida ni por malos tratos de ninguna especie. Con esto no cesaban mis zozobras, y no debí desistir de mi empresa. Insistí, con ardor, pero siempre se resistía el sargento por no faltar a su deber, en nada obstante mis repetidas protestas y palabra de honor de no revelarlo.

»Tan decidido me vio por fin a que uno de los dos muriese, que no le pareció deber exponerse a tanto. Creyó quizás que el descubrir un secreto de aquella clase, no podía tener resultados de trascendencia, y después de haberse asegurado nuevamente de mi real palabra de no descubrirle, me comunicó que mi destino era al fuerte de Lichtemberg en Alemania donde había depósito de caballeros, oficiales, y yo estaría a las órdenes del general de Estrasbourg (sic). Añadió que yo permanecería allí sin comunicación, con dos centinelas de vista, y con la paga de 37 francos y medio al mes.

»Asegurado yo con esta relación de que no iba a París, ni tampoco debía presentarme al rey Fernando, recobré espíritu, metí la pistola en el paraje de donde la había sacado, tomé la mano de mi guardián, y asegurándole nuevamente que nadie sabría esta revelación, le dí las más expresivas gracias.

»Anduvimos con una celeridad extraordinaria las 190 leguas de posta que hay desde la Ciudadela al punto a que nos dirigíamos. Hicimos el viaje en tres días y medio tan solamente, regalándome muy bien y teniendo toda la asistencia necesaria. El comandante del fuerte se hallaba con aviso de la llegada de mi persona y la participó a los oficiales. Éstos por consiguiente aguardaban con impaciencia al cardenal de Borbón que venía prisionero. Todos estaban prevenidos y salieron al patio luego que oyeron mi carruaje.»

«Todos principiaron a murmurar que yo no era el cardenal de Borbón... allí acababa mi capelo y mi cabeza»

«Casualmente había varios entre ellos que conocían perfectamente al cardenal de Borbón, siendo uno de estos un capitán llamado Palafox que había frecuentado bastante el palacio de su Ema. Todos principiaron a murmurar que yo no era el cardenal. Unos decían que su estatura no era la mía, y cada cual daba el fundamento de su parecer. Auguré muy mal de este viaje, pero con dificultad esperaba verme en mayores aprietos que los pasados y cumpliendo el comandante las órdenes que tenía, me dejó en mi prisión con dos centinelas de vista.

»No sé si sería a consecuencia de instrucciones que tuviese, o por haber llegado a sus oídos las conversaciones de los oficiales, que dicho comandante reunió a algunos y les preguntó si habían visto al arzobispo Borbón. Respondieron unánimemente que yo sería tal vez alguna persona distinguida de España, pero no el cardenal de Toledo. Les replicó el comandante que se engañaban porque según las comunicaciones que tenía de su gobierno, yo era el verdadero cardenal que, como a tal, había sido conducido allí en silla de posta, conforme habían visto.

»No cambiaron por esto de opinión los oficiales, y para convencer al comandante de su error le propusieron, un general y el capitán Palafox, que les permitiese interrogarme. He aquí pues que a los cuatro días de mi llegada se me prepara otro careo. Vino por la tarde un sargento con ocho soldados y fui llevado entre filas a la casa del comandante, y al entrar en el salón me encontré en medio de una gran reunión. Todo el mundo se levantó haciéndome cumplimientos cual pudieran hacerse a una persona de la más alta consideración. Es decir, que los que me negaban la púrpura, me tenían por un gran personaje de otra clase, y procuré corresponder a todos el saludo del mismo modo.

»El general principió preguntándome cómo fue que la Junta de Regencia había padecido el descuido de exponerme a la desgracia de caer prisionero. El capitán Palafox me interrogó en seco si le conocía. Le miré un rato con atención y respondí que no hacía memoria de él, ni tenía presente, haberle visto jamás y replicó entonces que había estado muchas veces en el palacio de S. Ema. con su director y con el mayordomo. Palafox me preguntó enseguida si conocía a D. Manuel Samaniego.

»Y continuó haciéndome preguntas que me dejaban en confusión. Si bien quise contestar a todas, conocí desde luego que desacertaba enteramente y que allí acababa mi capelo y mi cabeza. Por fin de fiesta y para dejarme completamente corrido, concluyó el capitán con estas palabras:

- Pues Sr. mío, Vd. será quien quiera, será un gran personaje de España, un obispo, un arzobispo, u otro diablo. Pero el cardenal de Borbón no lo es Vd.

»El comandante no sabía lo que pasaba, y todo su afán era decirme:

- ¿Qué responde Vd. a esos caballeros?

»Mi amor propio casi se resentía de oír aquellas verdades, y puesto en la danza traté de sostener mi fingido carácter. Contesté con resolución en estos términos:

- Sr. comandante, yo le digo a Vd. que estos caballeros oficiales se engañan, pues soy el verdadero cardenal y no puedo decir otra cosa, sin negarme a mí mismo.

»Logré hacer vacilar a dicho comandante, y esto me bastaba por entonces. Me retiré luego por disposición suya, y durante ocho días fui tratado de la misma manera. Mas luego, no sé en virtud de que informes o resolución, no tuve otro tratamiento que el de simple soldado, recibiendo libra y media de pan y un triste rancho.

»Se me hacía en verdad muy cuesta arriba este género de vida, y lamentándose comparaba la inmensa distancia de uno a otro estado. Se pasaban días sin ver más que a un cabo que me traía la comida, y permanecí de esta suerte cosa de un mes, ignorando absolutamente lo que pasaba y la causa verdadera de verme tratado de aquel modo.»

«A la llegada de los aliados, me quería trasladar a Cambrai»

«No sé cuánto tiempo esto hubiera durado, ni a qué habrían venido a parar estas misas, si no se hubiesen aproximado a Francia los aliados, por cual razón el gobierno nos mandó salir de aquel punto y pasar a Chateau-Bouillon. En este pueblo disfruté libertad, y aunque estuve metido entre oficiales, el tratamiento fue de soldado.

»Al cabo de un mes recibimos también orden para trasladarnos en depósito a otro paraje, a saber a la villa de Cambrai.

»Yo me consideraba dichoso con haber librado tan bien por final de mi comedia, pero no podía sufrir la vista de los oficiales de quienes había recibido chasco tan completo como el que arriba dejo notado, ni podía avenirme a aquel género de vida obscuro y miserable. Traté de mejorar mi suerte, y me valí del ardid siguiente.

»Procuré quedarme atrás en la marcha de manera que llegué dos días después que la columna de prisioneros al primer pueblo donde residía el comisario de guerra. Así me presenté sólo a este funcionario pretextando excusa de mi retraso. Dije que era el capellán, y obtuve el pasaporte con el objeto de no ser molestado hasta alcanzar el depósito. Por supuesto que el pasaporte iba con la nota de deber ser socorrido con dos francos y medio diarios. Y cátame ahí por lo mismo ascendido, aunque no a cardenal.

»Buen cuidado tuve de no alcanzar a mis compañeros. Me iba perfectamente visitando curas, y no hice ya en adelante ni una sola jornada a pie. De necesidad debía venir el día en que se acabase esta cucaña, y el modo de hacerla duradera consistió en no llegar jamás al depósito. Hice medios para entrar en el hospital de la villa de Chatur..., fingiéndome enfermo. Lo conseguí sin grandes dificultades, y me propuse permanecer allí todo el tiempo posible, y hacer otro tanto en los demás hospitales de los pueblos del tránsito. Muy distante estaba de soñar en mi cardenalato.»

Comentarios

1/ Muy probablemente la emperatriz María Luisa comentó en París la situación del supuesto cardenal de Borbón, del cual según ella, tuvo noticias cerca de Renwez. En la capital del imperio francés, obviamente sabían que el cardenal verdadero estaba en España y actuaba en contra de la invasión napoleónica presidiendo incluso las Cortes de Cádiz y asumiendo el título de regente. Consecuentemente el individuo que escribió a la misma emperatriz era un impostor. De ahí que debía trasladársele a lugar seguro (Lille) para que fuese juzgado. Esa debía ser la orden que recibieron de París. Sin embargo la hecatombe de Napoleón que se cernía en aquellos meses pospuso el asunto del cardenal. En otras circunstancias se hubiera actuado con más diligencia y celeridad. Era la desbandada. A esa circunstancia Mayoral supo sacarle todo el máximo provecho continuando su bufonada y engaño algunos días más.

2/ Es una simple suposición de Mayoral: es inconcebible afirmar que en París se le tenía por el cardenal.

3/ Mezières es la antigua capital del departamento de Ardennes, junto al Mosa. En el año 1966 se fusionó con los municipios vecinos de Charleville, Etion, Mohon y Montey-Saint-Pierre, dando origen al nuevo municipio de Chaleville-Mezières. Era una plaza fuerte, a menudo disputada, establecida en un meandro del Mosa.

4/ Posiblemente el pasaje de Mezières sea fantasioso. Mayoral, como en otros muchos hechos, exagera hasta unos extremos insospechables. Mayoral los relata para impresionar favorablemente a los jueces de la Inquisición. Se presenta prudente e incluso, como afirma él mismo «misionista», refiriéndose a las «santas misiones» populares tan frecuentes ya en el siglo XIX en las tierras de Cataluña y Canarias como las de San Antonio Maria Claret.

5/ Evidentemente Mayoral era un timador. Aceptaba obsequios y pedía prestado dinero que nunca devolvió. En anteriores pasajes se habla 3.000 francos; de Amabili —según el mismo Mayoral— recibió 2,000 francos y según los testigos de la audiencia militar de Barcelona, la arruinó; al general de Brive: «me prestó para socorrerme la cantidad de 3.000 francos»

6/ Según los testigos Mayoral malgastaba el dinero prestado en banquetes, diversiones (muchas veces con mujeres), con sus compañeros. No es cierto que fuese dadivoso con los soldados españoles, prisioneros en Francia. Esta es una de las estratagemas, ya comunes en todo el presente relato, para impresionar a los jueces de la Inquisición.

7/ Según el proceso en Valenciennes el seudo cardenal celebró misa, confesó, casó etc. Conviene observar que casi todo el juicio se centra en los «desatinos» realizados en aquella ciudad.

Valenciennes es un municipio del departamento de Norte al SE de Lille, junto al Escalda. Antigua plaza fuerte fortificada por Vaudan, actualmente es un notable centro industrial y posee un importante puerto fluvial. En 1968 se abrió la vía fluvial de gran Gálibo, que une Valenciennes con Dunkerque. Posee una rica historia: se originó en la creación del condado de Valenciennes (siglo IX); en el XIII se convirtió en un centro productor de paños; en 1560 se sublevó contra los españoles quienes al año siguiente dominaron la rebelión; en el siglo XVIII fue duramente disputada hasta que pasó a Francia en 1678; fue de nuevo objeto de asedios durante las guerras de la revolución y del imperio y durante las dos guerras mundiales.

8/ Algunos de los soldados, como Chaparro y su esposa, declararon en el proceso contra Mayoral.

9/ Condé d'Escaut. El depósito de soldados prisioneros llamado Condé era el de general d'Escaut.

10/ Una notable rigidez contrasta con el matrimonio que celebró en agosto de 1813 en el mismo depósito de Condé y anteriores celebraciones. La acusación del fiscal del Tribunal de la Inquisición es la siguiente: «El dia 27 de agosto de 1813 después de haberlos confesado (al teniente Buenaventura Gavaldá y su prometida Carmen Gómez) subieron a la capilla de la misma cárcel, en donde les suministró el sacramento de la Eucaristía, les casó y celebró misa de bendición. Al enterarse los esposos que no era el cardenal, el matrimonio fue revalidado por el cura párroco de Condé. Esto no hubiera sido necesario si —según afirma el reo— el sólo hubiera presenciado el matrimonio» (según el doc. 83 del proceso del Tribunal de la Inquisición contra Francisco Mayoral). Hay constancia en los archivos civiles de Francia de este matrimonio.

11/ Se menciona a la esposa del marqués de Coupigny. Este marqués tuvo un papel decisivo en el célebre sitio de Girona el año 1809 y mandó anteriormente la segunda división del ejército de Castaños en la batalla de Bailén.

Cambrai (puerta de París y ciudadela). Después de un mes en Bouillon, Mayoral parte hacia Cambrai. Durante el trayecto se aprovecha del desordenado repliegue francés para un nuevo ardid. Así, se va rezagando de la columna de prisioneros y otra vez sólo vuelve a presentarse en los pueblos como un simple cura.

El fingido cardenal recibe honores militares en su entrada en Tours. Dibujo de la edición autobiográfica de Londres (1846). La entrada apoteósica de Mayoral, otra vez revestido de cardenal, en Tours fue apoteósica: "A la entrada del puente se hallaban formados dos escuadrones de lanceros y un batallón de Infantería, y al pasar por su frente me presentaron las armas y batieron marcha, haciendo algunas descargas la muralla; hubo también repique de campanas".

Tours, capital de la Tourena (Baun and Hogenberg, 1572). Llegando a una villa en la región de la Tourena, Mayoral finge enfermedad e ingresa de nuevo en un hospital regido por monjas. Allí es reconocido por el oficial Juan Xipel, que lo había tratado en Condé como cardenal de Borbón. Así tenemos otra vez a Mayoral engañando a todas las autoridades civiles y militares que se le pusieron por delante.

Palacio de los Arzobispos de Tours. Mayoral es alojado en dicho palacio, en la misma habitación que había ocupado poco antes la misma Emperatriz. La recepción que tuvo lugar fue tan concurrida que Mayoral se desmayó -esta vez de verdad- en brazos del general de la plaza. Esa noche fue velado por las esposas de dos generales, dos médicos y sor Felicité que le había acompañado en todo el viaje.

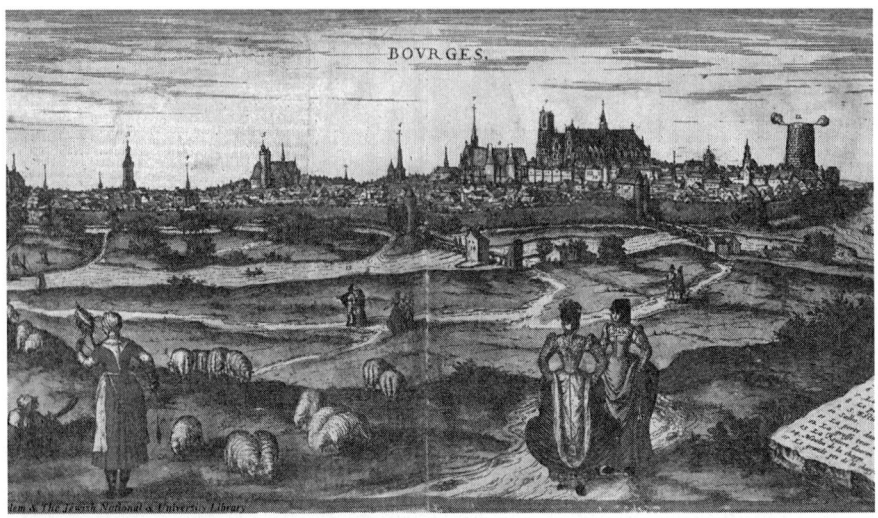

Bourges (Valegio Francesco, c. 1625) / (Baun and Hogenberg, 1572). Mayoral aumenta aquí sus fechorías participando en la toma de votos de unas monjas. Pero su castigo no tardaría. Así, mientras se dirigía a comer a la mansión del general Olivier, es reconocido en la alameda por un soldado de su regimiento que sirvió con él en Ciudad Rodrigo. Avisados otros compañeros de armas, lo van a encontrar a la iglesia y lo desenmascaran ante el general. Éste, furioso por el engaño, lo encarcela y le dice que al día siguiente lo haría fusilar. Salvaría la vida utilizando de nuevo la estratagema de escribir al Príncipe de Asturias.

Catedral de Saint-Etienne de Bourges. El 16 de abril de 1814 Mayoral llega a Bourges, pues llevaba consigo una recomendación para ser alojado y gratificado en el convento de las Hermanas de la Caridad. La ambición les volvería a perder.

El farsante cardenal se desmorona. Los últimos intentos

Hemos dicho que nuestro falso cardenal celebró misa en el día de san Luis, 25 de agosto de 1813, en Sedán. El 31 de agosto lo encontramos en Lille. Se había dado una taxativa oposición de un general que decía que el verdadero cardenal de Toledo estaba en Cádiz como presidente de la Regencia en las Cortes Constituyentes. Así es como empiezan las dudas y también algunas certezas. Se piden testigos y se contradicen. Sin embargo, un capellán de Toledo dice que no es el cardenal de aquella ciudad. Para salir del atolladero, Mayoral escribe al que será Rey Fernando VII el "deseado", que estaba exiliado en el sur de Francia. Esta carta provoca la convicción en muchos sectores de que es un farsante y empiezan sucesivos encarcelamientos. Pero debido al gran desorden que había en Francia debido a la caída de Napoleón, nuestro Mayoral aprovecha estas circunstancias para mantener por lo menos algunas dudas sobre su identidad.

Podemos presentar brevemente el itinerario a través de 17 ciudades desde el mes de septiembre de 1813 hasta junio dc 1814. En esta fecha Mayoral es estregado en la Junquera a las autoridades militares, las cuales no lo detienen formalmente hasta que llega a Arenys de Mar. Sin embargo, el proceso contra Francisco Mayoral no se inicia hasta el 6 de junio de 1814 en la Auditoría General del Ejército, y la Inquisición de Barcelona interviene dos años después, el 31 de agosto de 1816.

La enumeración de estas ciudades por las que pasó, desde Sedán hasta la Junquera, es la siguiente: Sedán, Mezières, Valenciennes, Lille, Lichtemberg, Bouillon, Cambrai, Tours, Vendôme, Bourges, Brives La Gaillarde, Cahors, Caussade, Montauban, Toulouse, Perpignan, Castillo de Bellegarde y la Junquera.

Partimos de una fecha segura, que es el 21 de agosto de 1813, cuando Mayoral escribe a Fernando VII. Después se producen veintiún episodios en las mencionadas ciudades francesas que ya hemos elencado brevemente en el mencionado estudio de *La Inquisición y el falso cardenal de Borbón…*, pág. 212-214. Posiblemente puede ser útil para el lector que repitamos, en síntesis, ese elenco:

1813, 21-IX y se da curso a la carta al mencionado rey Fernando VII. «Lo hice no para ultrajar al rey, sino para continuar el engaño a una nación enemiga».

1813, 21-IX: Declaración de los testigos: «Era un impostor. No era el cardenal, sino Félix Solis (Francisco Mayoral); lo mismo dijo un teniente coronel. Lo desmintió el seudocardenal y le vino un desmayo; que entonces el coronel dijo que sí era el Cardenal. El comandante francés llamó al médico y lo colocó en una rica cama» (Testigo 5º). «Él lo hacía para burlarse de los bobos franceses por el mal que habían hecho a España durante la invasión» (Testigo 1º).

1813, ?: A los cinco días es conducido al calabozo. Al sexto día le traen un vaso con licor y bizcochos. Luego ante el gobernador es conducido por un carruaje sin saber dónde lo llevan. Ante la intriga, repara en una bolsa dos pistolas, se hace con ellas y amenaza al conductor para que le diga su destino. Aquel asegura que no van a París, sino a Lichtenberg.

1813, ?: Lichtenberg. Un capitán llamado Palafox que había estado en el palacio del verdadero Cardenal asegura que no lo es. Pero Mayoral declara ante el General de la plaza: «Yo soy el verdadero Cardenal y no puedo negarme a mí mismo». Durante 8 días recibió un trato deferente, pero luego como a un simple soldado.

1813, ?: Chateau-Bouillon. Al aproximarse los aliados contrarios a Napoleón, le trasladan a esta plaza. F. M. recibe el trato de soldado.

1813, ?: Cambrai. Al cabo de un mes llegan ahí. Se separa de los demás prisioneros y dice al funcionario que es el capellán.

1813, ?: Chatur... F. M. finge estar enfermo y va al hospital. Pasa por distintos pueblos y mora siempre en los hospitales.

1813, ?: Condé. Un oficial, J. Xipel le reconoce «como Cardenal aunque se halla disfrazado». Lo cuenta a las monjas del hospital. Les pide guarden el secreto, pero corre la noticia. Y de nuevo es tratado como cardenal.

1813, ?: Tours. Se le viste de Cardenal. Una noble señora francesa Rossière le ofrece una cruz y un anillo episcopal. Toda la ciudad con sus autoridades le reciben. Se aposenta en el palacio arzobispal, donde pocos días antes se había alojado la Emperatriz (esposa de Napoleón). «Le da una congoja». Es paseado por la ciudad.

1813, ?: Chatur... De nuevo en esta ciudad. Desde aquí planea volver a España. Las monjas del hospital le piden se detenga en Bourges para bendecir el noviciado y asistir a la profesión de cuatro religiosas. Le acompaña J. Xipel.

1813, ?: Bourges. F. M. es aclamado como cardenal. Reside en el convento. En su declaración al Tribunal (20-VI-1818) reconoce que asistió a los votos de unas monjas y desea «que estos votos se revaliden». El testigo 1º dice que eran Hermanas de la Caridad. En perjuicio suyo, entre los prisioneros españoles se encuentra un cabo que afirmaba que Francisco Mayoral era sargento en Ciudad Rodrigo. A partir de ahí se le complica su situación, de manera que el general de la plaza pide declaración al soldado y también a otros de Ciudad Rodrigo. Declaran que no es el Cardenal sino un sargento 1º de su compañía llamado Francisco Mayoral, de Salamanca. Así es conducido al calabozo y encadenado. Mayoral pide escribir al rey Fernando VII, lo cual le vale para que lo trasladen a un sitio más decente. Salida de Bourges, como un impostor, en una carreta de bueyes.

1813, ?: Vendôme. Donde había bendecido una bodega, ahora es burlado. «La providencia me dio resistencia para sufrir y me había dado astucias para engañarlos».

1813, ?: Limoges. El General no le convidó.

1813, ?: Brive. «Fue la parte más trágica de mi infelicidad: ¡Perdona, querida Amabili!» Mme. Sta. Rosa se compadece de él.

1813, ?: Cahors. Al pasar por esta ciudad todos le preguntaron «si F. M. venía a concluir la obra del órgano».

1813, ?: Caussades. En la cárcel F. M. encuentra un joven francés de familia distinguida. Le pide le haga una carta de recomendación para los vicarios generales presentándole como un obispo español, preso por "cosas del Gobierno", de nombre Negrete y cuñado del Marqués de la Romana. Dicho joven le hizo el falso certificado en nombre del vicario general de Cahors, monseñor La Davesa.

1813, ?: Montauban. Le visita el Vicario General.

1814, ?: Toulouse. Presenta la carta de recomendación. Vino la baronesa de Orrean.

F. M. estuvo en su casa. Ella era calvinista y Mayoral (seudoobispo Negrete) –según él dice– la convierte al catolicismo. Se lo comunica al Vicario General. El obispo "Primat" la bautiza.

1814, ?: Carcassone. Con las cartas de recomendación, le visita el Obispo y el Vicario General.

1814, ?: Narbona. Le conducen a la cárcel y le dan un cuarto muy decente.

1814, ?: Perpiñán. En la cárcel, el Castellet, 6 días, bien tratado.

1814, ?: La Junquera. Antes de llegar, en el Portús y en el castillo de la Bella Garda se le pregunta si es obispo. En la Junquera le reciben varios oficiales y un cura militar.

Como se observa, hay días en los que Mayoral aprovechaba el desconcierto de la desbandada de Napoleón para reavivar su rocambolesca condición de cardenal o de obispo. Así, en Tours, en Bourges y en Toulouse. En esta última ciudad se dice que convirtió a la baronesa de Orrean, que antes era protestante. Incluso escribe un largo sermón que pronunció en esta ocasión. Referente a este último episodio, tenemos muchas dudas. Posiblemente lo inventó para favorecer su causa ante el Tribunal de la Inquisición. Sin embargo, nosotros hemos comprobado que esa baronesa existió y que estuvo en Sarrià (el desierto) de Barcelona haciendo "penitencia y retiro".

Presentamos a continuación el relato de nuestro Mayoral, ahora ya sumergido en las continuas dudas sobre su identidad y con la seguridad de que era inminente un severo juicio en España, primero ante las autoridades militares y después ante el Tribunal de la Inquisición; éste, como Napoleón, estaba en desbandada. Así el pícaro farsante y enigmático Mayoral también pudo encontrar una vía de escape… Pero siempre continuaba representando el papel que más tarde, en nuestra historia contemporánea, lo convertiría en el más grande impostor eclesiástico, y en esto también era un farsante, ya que no era un clérigo sino un simple sargento de Ciudad Rodrigo y no de Salamanca. ¡Farsante siempre! Así continúa Mayoral su relato:

«Mi segunda época de cardenal»

«Quiso la casualidad para mi desgracia que viniese al cabo de dos días al hospital un oficial llamado D. Juan Xipel, de los del depósito de Condé, el cual viéndome me dijo admirado:

- Yo conozco muy bien a Vd. Ema. aunque se halle disfrazado.

»Le contesté con ademán de extrañar su lenguaje, pero replicó que me daba el tratamiento que me correspondía porque me había visitado junto con el brigadier Navarro y había tenido el honor de comer en mi mesa. Enseguida hizo los mayores esfuerzos para saber qué fines me inducían a querer estar incógnito sufriendo penalidades que podía muy bien evitar. Añadió que contase con él en todo cuanto pudiese hasta perder la vida.

»No pude negarle la verdad de los hechos que citaba porque efectivamente hice memoria de él, pero le encomendé el secreto con toda eficacia diciéndole que así me convenía para poder regresar incógnito a mi patria y hacer evidente el mal estado de los prisioneros a fin de que fuesen socorridos. Parecióme que aquel oficial cumpliría esta prevención. Mas me engañé, y aquí comenzó mi segunda época de cardenal, o sea el segundo acto de mi comedia.

»Apenas D. Juan Xipel se despidió de mí fue a contarlo a la superiora de las monjas del hospital, y no pasó media hora que me vi trasladado a una estancia de distinción. Discurrieron tres o cuatro días sin que yo conociese en otra cosa alguna que el secreto estuviese descubierto, pero pasados, hallándome con la superiora y con Xipel entró en mi habitación el comisario de guerra, quien después de habernos saludado y cumplimentado en general, se dirigió particularmente a mí diciendo que a no engañarse no le era desconocida mi fisonomía y le parecía haberme visto en España. Quise saber en qué paraje. Respondió que fue en Madrid y en Toledo, y dije entonces que podía muy bien ser, porque yo realmente había estado algún tiempo en ambas poblaciones. Hícele enseguida la pregunta de si me había visto con traje de militar o de paisano, y exabrupto dijo:

- No señor, es otro muy diferente el que llevaba Vuestra Eminencia.

»Hacía rato que yo aguardaba esta contestación u otra semejante. Sin embargo fingí haberme sorprendido de aquel tratamiento, y respondió que era el que me convenía. Adopté entonces el mismo plan que tan buenos resultados me dio en la otra temporada, es decir, metí en el secreto al comisario y a la monja encargándoles que lo guardasen, porque mi intención era entrar en España de simple eclesiástico luego de hecha la paz que de próximo se esperaba. No hubo medio de persuadírselo, y salió el comisario diciendo que no podía permitirse que las autoridades y el pueblo dejasen de tributarse los honores que me eran debidos de justicia.

»Me fui a la capilla para estar solo y discurrir sobre el papel que iba a representar, y una hora después vino una monja a llamarme diciendo que se hallaba en mi cuarto el jefe militar, el comisario, y el subprefecto. Salí sin detenerme, y encontré a los expresados sujetos junto con el vicario eclesiástico y una porción de monjas.

»Al acercarme a ellos todos doblaron la rodilla, les di la bendición, y se levantaron. Luego el comandante me manifestó que no podía permitir que yo permaneciese por más tiempo en el hospital, y que iría a ocupar la habitación que había servido para mi príncipe. Fueron muchísimos los esfuerzos que hizo para que pasase a su casa, y al fin no pude menos de condescender, pero con la condición de que viniese conmigo sor Felicité que era una joven monja destinada por la superiora para servirme. La contestación fue cogerme de la mano, y decir a la monja: "vámonos ma soeur" precedida, venia de la superiora.»

Otra vez vestido de cardenal. En Tours

«Entramos los tres en el coche, y habiéndonos apeado en la casa de dicho comandante, que era un general, me condujo al gabinete que mi soberano había ocupado. Estuve asistido como un príncipe, y a los dos días me preguntó el noble patrón, si al siguiente querría ir con él a Tours capital de aquella antigua provincia de Turena, porque el general del departamento que residía allí estaría muy gustoso de que pasásemos un par de días en su compañía. Le dije que no tendría inconveniente en complacerle si me encontrase con capa o manto digno de presentarme, y al momento compareció un sastre que en diez horas lo construyó guarnecido de terciopelo morado con su cuello correspondiente. Este sastre vino acompañado de una señorita llamada Delle Rosière que me trajo una cruz y un anillo.

»No teniendo ya la excusa de falta de traje fue preciso conformarse a hacer la sobredicha visita. El comandante dio aviso anticipado al general para que todo estuviese prevenido, y salimos con su señora, el subprefecto, y la monjita, llevando el acompañamiento de ocho gendarmes y diez coraceros.

»Esta es una de las escenas más dignas de escribir en esta historia. A una hora y cuarto de la villa encontramos una avanzada de gendarmería que reconociéndonos despachó dos ordenanzas para avisar a las autoridades nuestro arribo. Y a poco menos de alguna hora hallamos al general con sus ordenanzas, y algunos coches en que iban el vicario general y otros eclesiásticos y personas principales. Se apearon todas para cumplimentarme, y las recibí con las mayores demostraciones de cariño.

»Concluida esta ceremonia seguimos el camino hacia la villa, yendo el general y otros oficiales de graduaciones al lado de las portezuelas de mi coche. A la entrada del puente se hallaban formados dos escuadrones de lanceros y un batallón de infantería, y al pasar por su frente me presentaron las armas y batieron marcha, haciendo algunas descargas la muralla. Hubo también repique de campanas. Todo el pueblo estaba alborotado y me condujeron al palacio del arzobispo donde días antes se había alojado la emperatriz, y dormí en la misma cama que sirvió para ella.

»Tuve guardia de honor compuesta de granaderos imperiales y de coraceros. Vino a cumplimentarme todo lo mejor de la villa, que es una de las principales de Francia, y fue tanta la gente que se agolpó en el salón, y tanto mi sofoco, y placer al mismo tiempo por el pastel que estaba pegando a los franceses, que me dio una fuerte congoja y caí en brazos del general.

»Este, su señora, la monja y demás personas asustadas trataron de darme socorro. Fueron llamados facultativos, los cuales dijeron era menester dejarme solo y con sosiego. El general ordenó al capitán de la guardia que pusiese un oficial subalterno en el salón para que no permitiese entrar a nadie más adentro, a excepción de los dos generales y de sor Felicité que quedaban encargados de servirme. Dos facultativos estuvieron perennes toda la noche al lado de mi cama, y las generales y la monja no durmieron ni un instante.

»El día siguiente lo pasé en gran parte en la cama obsequiado como se deja pensar, y burlándome yo interiormente de los que me rodeaban. Y al otro día en que me hallaba enteramente restablecido, el general de la plaza y el de Chatur... determinaron que saliésemos a pasear y ver lo mejor de la villa acompañándome los médicos. Me enseñaron varias preciosidades en que yo no entendía, ni mi entendimiento estaba bastante tranquilo para examinar, y decidí regresar a Chatur...

»Me despedí de los médicos dándoles una onza a cada uno, pues la generala me había provisto para éste y otros gastos. Las autoridades nos acompañaron hasta fuera de la población a un largo trecho, y el general me abrazó, encargándome así él como su esposa que les escribiese desde mi patria cuando tuviese la felicidad de volver a ella.

»Regresados a Chatur, como me hallaba con dinero determiné venir a España mediante acercarme a la frontera con un pasaporte que creí fácil conseguir. Visité de despido a algunas personas de confianza. Y no fue de las últimas la superiora de las monjas del hospital. Esta me rogó que de tránsito me detuviese en la villa de Bourges, pues se hallaba con carta de la priora en que le pedía que se empeñase conmigo para que yo bendijese el noviciado y asistiese a la profesión de cuatro religiosas.»

«...bendije la bodega del cura pero se hundió a la media hora de habernos despedido»

«Por la ambición de recoger algún dinero más a fin de pasarlo bien en España accedí a lo que me propuso la monja, y me salió la cosa tan al revés, que llevé el terrible chasco de que voy a hablar. Salí en efecto acompañado del cura y del caballero oficial D. Juan Xipel, y como se había hecho fama pública de mí en todos los pueblos del contorno, apenas nos apeamos en la fonda del pueblo donde resolvimos hacer alto para comer, que vino el párroco a buscarnos y nos llevó a su casa donde hice traer la espléndida comida que en dicha fonda teníamos preparada. El cura antes de marcharnos quiso que su casa recibiese mi bendición, y se la di habiendo sido tales sus efectos, que según supe, por lo que se verá después, se le hundió la bodega a la media hora de habernos despedido.

»Nuestro arribo al punto destinado fue feliz. Muy diferente fue la salida. El general quiso llevarme a su casa, pero no lo permití porque mi dirección era al convento.

Recibí todos los honores y obsequios que pueden imaginarse, y el día siguiente tuvo lugar la ceremonia religiosa de dar el hábito. Los principales convidados para esta función comimos con el general, quien al levantarnos de la mesa me dijo que podríamos ir a paseo y a ver la iglesia. Contesté que me parecía muy bien.»

*   *   *

En el proceso de la Inquisición se adjunta el relato siguiente trascrito en un apéndice: Conversión de Madame la Baronesa de Orrean por el falso cardenal de Borbón en la ciudad de Tolosa de Francia a 10 de julio de 1814. Dicha baronesa seguía la ley de Calvino y abrazó la ley católica.

En Bourges fue de nuevo descubierto por un cabo de Ciudad Rodrigo

«Conocidos mis embustes y descubierto de que yo no era el cardenal de Borbón, el que tanto ruido había hecho en Francia fue en la villa de Bourges (16 de abril de dicho año en dicha villa que yo había entrado con mucha pompa y aplauso) quiso mi infeliz suerte que, saliendo yo de comer de casa del general Olivier, fuimos a dar un paseo por la ciudad y habiendo en dicha villa un depósito de españoles y portugueses de los que habían tomado en servicio de Napoleón, quiso la casualidad que se encontrara allí un cabo del 3° de Ciudad Rodrigo del que yo era sargento 1°. El referido cabo vino, se echó a mis pies y yo le pregunté:

- ¿Eres español, hijo?

»Díjome que sí, que servía a la legión portuguesa. Metí mano al bolsillo y le di 3 dineros y se marchó. ¡Qué golpe me dio el corazón al presentárseme este hombre a mi presencia! Preludios de mi caída. Me retiré al convento, donde yo estaba alojado muy triste y pensativo.

»Al día siguiente vino el comisario de policía y me dio un pliego de la parte del general, mandándome que me presentase a él, que tenía cosas interesantes que comunicarme. Yo me metí en mi coche y me fui a casa del general. Al llegar, ya observé que no me formaban la guardia, causándome gran novedad; en fin me subí arriba y encuentro todas las autoridades, hago la cortesía, todos se levantaron menos el general. Causóme gran novedad el ver que el general no hacía el menor caso de mí, siendo así que él era el primero que me cumplimentaba y díjome:

- ¿Sabe Vd. para qué le llamo? V.E. me lo dirá para que me diga Vd. quién es su persona y estado.

- Palabra bien necia es, pues has visto mis documentos, me has hecho los honores que me corresponden a mi real persona.

»Dijo el general mayor, llamando al mayor de plaza al otro lado:

- Hay un clérigo español, haga Vd. que entre. Pronto saldremos de dudas.

»Entró el clérigo y dícele el general, preguntándole:

- ¿Conoce Vd. al cardenal o el que iba vestido de cardenal?

»Dijo el clérigo que no conocía el cardenal de Borbón, pero que el que estaba presente lo conocía por un sargento primero del tercero de Ciudad Rodrigo y por mejor asegurar que habían llegado soldados de la guarnición de Ciudad Rodrigo que acreditarán lo que yo digo. Díjome el general:

- ¿Qué responde Vd. a lo que dice el capellán?

»Y yo dije:

- El Sr. se engaña y me hace gran perjuicio pero en fin la inocencia triunfará de sus enemigos...

»Mandó el general que llamasen a los soldados de la guarnición de Ciudad Rodrigo. Comparecen dichos soldados y un cabo del de Ciudad Rodrigo. Les preguntó el general:

- ¿Sabéis para qué os llamo? Es para que reconozcáis al señor y que digáis la verdad.

»El cabo habla el primero y dice:

- Mi general, el señor es un sargento primero de mi compañía llamado Francisco Mayoral, natural de Salamanca, lo que lo mismo justificarán los soldados.

- Ya está descubierto, ya os podéis ir, muchachos –mandó el general–, y a este pícaro llevadle a la cárcel, ponedle una cadena y atadle a un poste que mañana ha de morir.

»Me ataron como a un hombre de bien y me conducen a la cárcel. ¡Qué noche tan mala pasé dentro de un angosto calabozo, las ansias de la muerte pasé con tanta cadena! ¡Quién había de pensar en comer pues es tan oprimido! Con el peso de la cadena tuve que pasar toda la noche en pie porque la manera que estaba atado con la argolla no podía hacer ninguna "acció" de cuerpo; de miedo me ensucié en los calzones.»

... en una carreta de bueyes

«Por la mañana siguiente vino el alcaide y me dijo si tenía alguna reclamación que hacer, y yo le dije que sí. Le pedí pluma y papel y le dije que quería escribir al rey Fernando VII. Valíme de esta pantomima por salvarme la vida. Escribí al rey Fernando y esta estratagema me sacó de aquel lugar tan infeliz y me transfirieron a un lugar decente. A los 12 días después, me sacaron para España, pero de qué manera, no puedo escribirlo sin reírme: yo había entrado en aquella ciudad en coche; fui recibido de la nobleza que ante mí, todo el mundo sombrero en mano, hasta el mismo general. Me veía de todos obsequiado. ¿Dónde están aquellos salones tan ricamente adornados, la tropa que apostaba por el camino y las ordenanzas de caballería que corrían para anunciar mi llegada? ¡Pues todo se acabó para ti, Mayoral!

»Sacáronme de la cárcel, y me montan en una carreta de bueyes con un poco de paja. Este era el carro triunfal debido a mis travesuras.

»Llenas estaban las calles y los balcones de gente, ¡qué griterío! ¡qué voces! Los muchachos malditos me iban moliendo a gritos. La gente decía:

- ¡Que venga el tonto del general y que le bese la mano!, ¡que vengan las autoridades a pedirle la bendición al cardenal de Borbón!

Después de pasar doce días encarcelado en Bourges, se decide trasladar a Mayoral a España y es sacado de la prisión: "Al llegar a la puerta de la calle encontré un carretón descubierto con un poco de paja encima tirado de dos bueyes, y me vi rodeado de bajo pueblo que hacía burla de mí, y no menos de las autoridades, profiriendo mil expresiones indecentes y clamando: ¡Vengan el general y las monjas a besar la mano al cardenal! ¡Haga salva la artillería en obsequio de este Borbón!". Paseado en ese carro descubierto es mostrado por las poblaciones víctimas de sus engaños. En Vendôme le gritan: "llamad al cura que venga a pedir la bendición a la cava, que si por desgracia pide la bendición de la villa, nos pilla a todos debajo". De nuevo pasa también por Brive, en donde había causado la ruina a mademoiselle Isella Amabili. Y en Cahors le inquieren con sorna si venía a concluir la obra del órgano.

Ayuntamiento de Caussade. Al llegar a esta población, Mayoral coincide en prisión con un joven francés, culto y "gran latinazo", al cual convence para que le expida un documento que certifique que su portador es D. Francisco Gabriel Negrete, obispo de Plasencia, presidente de Zamora y cuñado del marqués de la Romana.

Plasencia en el siglo XIX (Joseph Durond). Esta vez, Mayoral se haría pasar por un personaje inexistente, pues el obispo de Plasencia era D. Lorenzo Igual de Soria. La firma falsificada correspondía al pobre monsieur Davesa, el vicario general de Cahors, víctima del engaño del órgano de la catedral.

»Así salí de aquella ciudad, cabeza entre piernas, y siempre mirando si por las ventanas caía algún trastazo. No pensaba salir vivo de aquella ciudad, cuando me vi fuera de ella, que ya la gente me dejaba. Respiré con más libertad. Parecía que lo habían hecho aposta de escoger unos bueyes que no andaban.

»Proseguimos nuestro viaje. Llegamos a una villa llamada Bandoma en la que tuve otro paso de risa. Cuando ya pocos días hacía que había pasado por allí, el cura se empeñó que yo fuese a comer a su casa, que estaría más decente que en la posada. Comí en casa del cura. El pobre hombre estaba tan satisfecho de tenerme en su casa, que de contento no cabía en sí y al despedirme de dicho cura me pidió que le diese la bendición a la casa y a la bodega. Yo le contenté:

- Bendeciré la casa y luego la bodega.

»Quiso la casualidad que a la media hora que yo me había marchado, la bodega se cayó y hundióse toda, y el pobre cura perdió todas sus botas y vinos, ¡se deja considerar! ¡Qué contento estaría el cura al saber que yo no era el cardenal Borbón!»

«... Poco deseaba pasar por donde me habían conocido de cardenal, pero tuve que pasar por los mismos lugares»

«Ya sabían los habitantes de Bandoma que yo pasaría por allí. Todo el mundo estaba por las ventanas y calle. Apenas me vieron empezaron a chiflar y gritar. Los muchachos se avanzaron y formaron grupo entre bueyes y carro que no dejaban andar los bueyes. Los gendarmes que me conducían, tuvieron que apartarlos. Aún estaríamos allí si los gendarmes no hubiesen empleado la fuerza para quitarlos.

»En fin, entré en la villa y gritaron: "llamad al cura que venga a pedir la bendición a la cava, que si por desgracia pide la bendición de la villa, nos pilla a todos debajo". Dijeron al cura que yo pasaba y dijo: ¡que vaya con doscientos demonios! que no puede ser que sea persona humana. Poco pensaba yo llegar a España.

»En fin, la providencia me dio resistencia para sufrir, pues me había dado astucias para engañarles. Yo poco deseaba pasar por donde me habían conocido de cardenal, pero tuve que pasar por los mismos lugares.

»Llegué a Limoges que el tal general que me había dado los papeles de nobleza, y cinco mil pesetas entre él y su mujer. No me convidó a cenar.

»Pasé así siguiendo las cárceles de Francia. ¡Qué diferencia de la ida a la vuelta cuando iba en ricos coches, y alojado en grandes palacios! Llegué en Brive la Gallarda, aquí fue la parte más trágica de mi infelicidad.

»Apenas descubrí la torre de la villa, que mi corazón se cubrió de tristeza.

- ¡Perdona, querida Amabili, yo soy la causa de tu desdoro!, ¡Oh si posible fuera el ser tu esposo, yo repararía el daño que he hecho! En fin, no es posible, aguántate. Tu pensabas comunicar tu sangre con la de la familia real de España y comunicaste con un sargento primero. Verdad es que me regalabas, pero con la intención de cuando yo estaría en España, que tú serías una dama de la corte, ya poco te quedas dama del foso. Bien debido es a tu nación, pues todos queréis reinar sobre las ruinas de infelices. No te quejes de mí. Quéjate de ti misma, pues fuiste imprudente. Aguántate, pero ¿qué digo? Si tienes un alma tan generosa que no tienes valor para verme sufrir. "Apenas llegué allá, me conducen a la cárcel.

»Vino luego la criada de dulce bien, que me trajo la cena y dinero, y díjome que la señora me lo mandaba y que me encomendase a Dios, que hiciera penitencia.

»Allí un poco, vino una señora llamada madame Santa Rosa, que había sido monja. Apenas me vio, que se puso a llorar. Esta señora era muy grave y venerable. Me hizo una moral, que me hizo llorar tan amargamente, que mis ojos eran torrentes de lágrimas. ¡Pero qué palabras más penetrantes llenas de majestad y grandeza de alma! ¡Oh mujer apostólica! La voz era tuya, pero las palabras eran del mismo Dios, que se servía del órgano de tu boca para que yo reconociese mis errores. Viéndome tan penetrado de dolor, y que las mismas piedras de la cárcel enternecidas y penetradas destilaban gotas de agua, díjome:

- No llore Vd., D. Francisco, guarde Vd. sus lágrimas para cuando llegue Vd. a la presencia de sus padres. ¡Qué sentimiento será aquél cuando lo sabrán! ¡No quiero darle más pena! Dios le dé contrición y arrepentimiento, y si acaso Vd. sale bien de ésta, escríbame Vd. que me alegrará mucho de saber noticias de Vd.

»El día siguiente volvió madama Santa Rosa. ¡Bien le caía este nombre en la calidad de la persona! Volvióme a exhortar con tanta penetración, que si lloré el día antes, más me hizo llorar aquel día. Díjome palabras que no creo que en España los mayores magnates apostólicos no hubieron hablado con tanta energía. Me dejó más humilde que un niño de teta. Dióme 20 pesetas, y nos despedimos con tanta ternura. No creo que haya una madre que deje a su hijo que esté más acongojada, ni hijo más afligido que a nosotros dos use penetrar con sus miradas. Verdaderamente estaba yo tan avergonzado que no acertaba una palabra y le dije que dijera a madame Isella Amabili que me perdonase.

»Salimos de Brive la Gallarda hacia Cahors: ¡qué pena para mí el dejar aquella tierra amable! Tierra donde yo había disfrutado de tantas delicias. No me pesó tanto cuando yo dejé Salamanca que es donde yo nací.

»En la villa de Cahors demoré cuatro meses que fue cuando entré prisionero, y fui a parar al hospital, suponiéndome fraile francisco (franciscano) subdiácono. Aquí comenzaron mis travesuras. Preguntóme el vicario general en qué me ejercitaba yo, cuando estaba en el convento. Yo le dije que era organista y fautor de órganos. Habló al obispo para componer el órgano y me hicieron quedar en dicha villa cuatro meses. Pasé de buena vida, pero no puede compararse como cuando era cardenal.

»Pensaba el vicario general que yo era un hombre de un talento sin segundo, y yo entre mí decía, presto se verán mis obras: tres pesetas diarias para el plato.

»En fin, cuatro meses pasé haciendo mil diabluras y desbaraté el órgano que me habían confiado, de tal manera que es imposible que vuelva a servir jamás; ¡De dónde me había de venir a mí el saber hacer órganos! En mi vida las he visto más gordas. Vinióse el vicario general, engañado y me dijo que no quería hacerme mal, pero que tenía que marcharme. Yo tomé el portante y me fui.

»¡Vemos ahora que saben que yo era el que tanto ruido había hecho con el cardenalato, qué tal tocarían las campanas como en Sedan! Yo diré que no, que las cajas destempladas y las piedras ya estaban preparadas para hacer una tortilla. Llegué a Cahors. ¡Cuánta gente me esperaban para verme! Todos me preguntaban si venía a concluir la obra. Pero yo con la cabeza gacha, esperando que cayera algún cantarazo. Pero Dios quiso que saliera sano y salvo.»

Con un falso certificado fingí ser un obispo español "Negrete" cuñado del marqués de la Romana

«Llegué a Caussades, me llevan a la cárcel en donde encontré un joven francés de una familia distinguida y traté otra vez de enredar la nación galicana. Este muchacho era un gran latinazo y le dije que me hiciera una carta de recomendación para los vicarios generales y que dicha carta valiese un certificado, como que yo era un obispo español que iba preso por cosas del gobierno, dándome el nombre y apellido de Negrete y cuñado del marques de la Romana. Se hizo dicho certificado en nombre del vicario general de Cahors, monsieur la Davesa.

»El día siguiente marché de Caussades y llegué a Montauhan. Inmediatamente de mi llegada, hice pasar por medio del alcaide de la cárcel el certificado. Inmediatamente de haberlo recibido, vino el vicario general con una señora llamada madame de Francia, la que me dio dos cartas de recomendación: una para la baronesa de Orrean y otra para otra señora. El vicario general me preguntó cuál era el motivo de mi prisión. Yo le encajé una mentira, y le dije que yo había hecho un discurso contra el rey en Madrid, que éste era el motivo.

- Comparéceme —dijo— la suerte de S. Ilma.

»Dióme dinero por pasar el camino y me recomendó.»

En Tolosa convirtió al catolicismo a la baronesa de Orrean

«Partí hacia Tolosa. A mi llegada a la cárcel de dicha ciudad, mandé por medio del alcaide las cartas de recomendación. El vicario general no estaba. Vino madame la baronesa de Orrean (sic) la que se empeñó para que yo saliera de la cárcel. Por fin se logró por medio de dinero y respondiendo la baronesa de mi persona.

»Salí de la cárcel de Tolosa y fui conducido por un gendarme a casa de la baronesa, la que me recibió con mucho contento y agrado, deshaciéndose en ceremonias y cumplimientos. Yo me quedé libre. Comía y dormía en casa de dicha señora. Me paseaba, pero me conducía un gendarme que me dejaba solo, cuando yo quería.

Visitábame muy a menudo el Vicario general de allí.

»Algunos días la baronesa me tocó puntos sobre nuestra santa religión. Ella y su hija eran calvinistas. A la baronesa la convertí a nuestra religión católica con un amplio coloquio.

»Aquí debería relatarse la conversión de la baronesa de Orrean que en el proceso de la Inquisición está después del apartado 5.3. *Véase también el apéndice 1, en donde está íntegramente trascrito en el mencionado volumen de* El cardenal que burló...

»Yo inmediatamente llamé al vicario general que viniera, no me desamparaba la baronesa. Decíame:

- A mon Sr. Dios le ha traído aquí para que yo lograra tanta dicha, un ángel del cielo sois. ¡Cuánto le debo a Vd., Ilma.!

»La hija jamás se apartó del lado de su madre, y siempre las dos llorando. Llega el vicario general, y saludando tomó asiento aliado de la señora. Repara que estaba llorosa y le pregunta si tenía algún pesar, y cuál era el motivo de sus lágrimas. Yo me levanté, y tomando al vicario general por la mano, me lo llevé a mi gabinete y le dije:

- Vicario general, la baronesa se ha convertido a la religión católica, y así sin perdida de tiempo marcharás al palacio del obispo tu señor, y le darás cuenta de lo que pasa. Mañana sin más tardar se tiene que celebrar el bautismo de la baronesa.

»El vicario general quedó tan sorprendido que me decía lleno de gozo:

- ¿Es posible que Dios haya guardado esta dicha a V. Ilma., apóstol de Jesucristo?

»Tomóme la mano y me la besaba. Yo le mandé que fuera a participarlo al obispo Prima (sic).[47] Salimos del gabinete con la señora, juntos. El vicario general no cabía de contento, y tomando la mano de la baronesa le decía:

- ¡Oh madama, ¿es posible? Oh Dios!

---

47 El obispo Prima o Pruma era arzobispo de Tolosa. Véase apéndice 1 de la edición de 2005, pág. 397.

»Y la baronesa, siempre llorando. Marchóse el vicario general.

»El día siguiente, a las 9 de la mañana, fuimos a casa el obispo. ¡Cuánto se alegró al verme! Me abrazó el viejo[48], que apenas podía tenerse, y me dijo:

- ¡Oh hermano en Jesucristo! ¡Cuánto me alegro en tener el honor de conocerte y de qué manera te das a conocer a mí de una triunfante! Oh, apóstol de Jesucristo: hoy traes una oveja que tantos años está paciendo fuera de la Iglesia y del pasto de la Eucaristía. El cielo recompensa tus méritos, y así yo te ruego que tú mismo la bautices, para que toda la gloria sea tuya.

»Yo le respondí:

- No, hermano, yo quiero hacerte participante de esta victoria, tú eres su obispo, a ti te toca el bautizarla.

»El obispo Prima tomó a la baronesa a su gabinete. Confesóse e hizo abjuración la señora. Pasaron 4 horas del reloj los dos solos, y después salieron. La baronesa no cesaba de llorar, abrazando a unos y a otros.

»Púsose a la mesa y comimos. La baronesa apenas comía, pero yo me hinché como un pavo, que gastaba buen apetito.

»Pasamos toda la tarde en palacio. Tuvimos varias conversaciones. El obispo ofrecióme todo lo que necesitara, pero nada me dio.

»Por la noche nos fuimos a casa, muy contenta la baronesa. No se movía de mi lado. Me decía:

- Monseñor, ¡cuánto le debo a S.S. Ilma.!

»El día siguiente, a la misma hora, nos fuimos en palacio. Ya el obispo nos aguardaba junto con el vicario general. Reconcilióse la baronesa, y luego entramos en la capilla. Yo me puse una sotana y un sobrepallís (sic). El obispo se puso todas

---

48 Efectivamente el obispo de Toulouse era un anciano de unos 70 años.

las decoraciones de su dignidad episcopal, y al mismo tiempo que se ponía su cruz, me da otra igual a la suya. Yo me la puse. El vicario general, con sotana y roquete.

»Había a un lado de la capilla una mesa con una gran palangana de plata y un jarro de lo mismo, perfectamente labrado, y con una concha de plata. Se le tiró el agua a la cabeza. El vicario general le tenía la cabeza bajada para tirarle el agua. Yo tenía el cirio encendido y el obispo la bautizó. Después del bautismo, el obispo le hizo un discurso moral. Yo le di el parabién, y todos me felicitaban de haber sido el autor de la conversión de la baronesa. Ella me abrazaba, bañada en lágrimas.

»Tras la ceremonia, nos pusimos a comer. Hubo gran comida e hice lo que me correspondía, porque tenía un hambre que no me veía. Pasamos la tarde, y por la noche nos fuimos con el coche. Siempre fui mirado por la baronesa como un apóstol de Jesucristo. Pasé unos cuantos días llevando buena vida, y con opinión de santo:

- ¡Esto es, comer bien y ser santo!»

De Tolosa a Barcelona. «En donde me hallo siguiendo mi causa con toda conformidad y resignación»

«Después de algunos días, me fui. Tomé las cartas de recomendación del obispo y la señora. Dióme seis dobles luises de oro y me fui en coche pagador por la baronesa.

»Despedido de la baronesa, me dirigí a Carcasona. Llegué a Carcasona. Me conducen a la cárcel. Yo mandé las cartas de recomendación por medio del alcaide. Visitóme el obispo de Carcasona y su vicario general. Diéronme cartas de recomendación para Perpiñán, y al día siguiente partimos desde Perpiñán a Narbona. Me conducen a la cárcel, la que yo no conocí por tal de ser un edificio muy decente que parecía un palacio. Me dieron un cuarto muy decente, y luego sentí gran ruido, que me obligó a preguntar qué era. Me dijeron que era la cárcel. Me visitaron unas monjas y me dieron gran comida.

»Partimos al otro día. Llegamos a Perpiñán y me conducen a una cárcel que llaman el Castellet. Fui muy bien tratado los 6 días que estuve en Perpiñán. Salía todos los días. Me salía a pasear.

»Después de los 6 días, partimos hacia la Junquera y al llegar al Portus, bajé del coche y entramos a la posada. De allí a media hora bajó del castillo de Bella Garde una partida de tropa francesa con su oficial, y me pregunta si yo era el obispo. Yo le dije que sí y que cuando quiera partiremos. Subí en el coche y partimos. Llegamos a la Junquera y me subieron a recibir varios oficiales y el cura.

»El día siguiente salí para Arenys del Mar, en donde fui presentado al general el que ordenó que me condujeran a disposición del Excmo. Sr. capitán general, barón de Eroles, quien ordenó que se me pusiese a disposición del muy ilustre mariscal de Campos y gobernador de la Real Ciudadela (Barcelona) en donde se me puso en el calabozo más infeliz que hay en ella. En donde me hallo siguiendo mi causa con toda conformidad y resignación, y con el honor que he sido el solo en Francia que me he burlado de un tirano y de toda su nación entera. Yo he socorrido a mis compatriotas en su desgraciada suerte de prisioneros.

»Fin de mi viaje y llegada a Barcelona.»

Comentarios

1/ El caballero oficial Juan Xipel es muy citado en el texto de Mayoral, y a su vez fue testigo ante el Tribunal militar, pero no consta en el de la Inquisición. Éste consideraba que Mayoral era verdaderamente cardenal, pero que no quería darse a conocer como tal. También el brigadier Joaquín Navarro aseguraba que Mayoral era cardenal de Toledo. A éste el seudocardenal le había prometido que en España sería nombrado «mariscal del campo», pero le pidió 1.000 francos a cambio "para cubrir gastos de la manutención del seudocardenal y para los convites con los que el mismo falso cardenal obsequiaba a sus aduladores. También eran favorables a la aventura los oficiales españoles Juan Sandoval y Luis Chamorro con sus esposas.

2/ Precisamente en los meses de agosto y septiembre, el auténtico cardenal de Borbón ya actuaba como regente. Efectivamente, en la sesión de las Cortes Españolas del 8 de mayo de 1813 el verdadero cardenal de Borbón es nombrado por segunda vez miembro de la Regencia en espera del "deseado" retorno de Fernando VII. En esa sesión se determinó que serían tres los miembros de la Regencia, o sea los consejeros de Estado más antiguos (Cardenal de Borbón, Pedro Agar y Gabriel Ciscar). Este triunvirato, matizado por las Cortes, ostentará la autoridad —afirmaba el acto de la mencionada sesión— hasta que Fernando VII jure la Constitución. Sin embargo el rey no sólo se negó a prestar juramento, sino que castigó severamente al mencionado triunvirato y a muchos de los partidarios de la Constitución, sin excluir a su primo cardenal de Toledo.

3/ Mayoral tenía un gran parecido con el cardenal de Toledo. El teniente coronel Fernando Chaparro en sus declaraciones ante el Tribunal de la Inquisición afirma: «Mayoral parecía tener una edad de treinta y dos o treinta cuatro, pico más o menos, media estatura, más bien bajo, muy delgado, pelo rubio, ojos azules, nariz larga y acaballada de modo que su fisonomía es muy parecida a la del Emmo. Sr. Cardenal Arzobispo de Toledo, que le dan unos accidentes epilépticos que le duran largo tiempo» (véase documentos del proceso nº 62, 67, 72 y 102) del libro : *El falso cardenal....*

En los meses que trata la última parte del relato de Mayoral, las personas reales de España (los Borbones) se encontraban exiliadas en Francia, a excepción del cardenal Luis María de Borbón, que se hallaba en Cádiz, aunque ni Napoleón ni su esposa lo ignoraban, y posiblemente creían que estaba con sus familiares, y por eso no se entiende la constatación de la esposa segunda de Napoleón. Muy diferente era el conocimiento que Fernando VII tenía de su primo el cardenal de Borbón; por esto Mayoral al escribirle debió éste informar a las autoridades francesas que Mayoral era un peligroso impostor. Por esto, ya desde este momento no pudo estar seguro en su aventura e impostura.

4/ Fernando VII en el año 1813 todavía no era rey de España, pero sí legítimo sucesor de Carlos IV, reconocido por todos como "príncipe de Asturias.

5/ Las referencias a obispos que se hallan en el relato de Mayoral son en gran parte ciertas. Ya anteriormente nos referíamos al obispo de Limoges, del cual Mayoral afirma que su amante Amabile era hija natural. Cabe señalar que hablar de obispos en tiempo de Napleón es muy difícil, porque podía haber tres pretendientes en una misma diócesis. El juramento (que juró la constitución de la República), el no juramentado y el nombrado por Napleón después del concordato de 1801. Se daba el caso de que había obispos que no quisieron dimitir y esto producía una gran perplejidad entre los fieles. En 1801 (antes del mencionado concordato) había 92 obispos residenciales, de los cuales 59 eran obispos constitucionales, o sea, que habían aceptado la Constitución. Esos admitieron –algunos a disgusto– su dimisión ante la presión del papa Pío VII y de Napoleón. La situación de los 33 restantes era lamentable: todos estaban en el exilio o en Francia, en estado denigrante de vejación. Los que eran exiliados, por ejemplo, en Inglaterra, España o Alemania no quisieron dimitir. Sabemos, por ejemplo, que el obispo de Limoges estaba en Münster (Alemania).

Según la narración anterior y los testigos del Tribunal de la Inquisición de Barcelona, Mayoral a principios de 1814 fingía ser el obispo español denominado Negrete en Toulouse. También afirma que él convierte al catolicismo a la baronesa protestante Orrean. El obispo de aquella diócesis se llama Prima y era un viejo prelado que bautizó a la recién conversa. Hemos investigado la historia de ese famoso arzobispado y ciertamente en Toulouse residía el obispo Francisco María Primat. Ese prelado fue nombrado obispo de Toulouse por Napoleón el 29 de abril de 1802. Nació en la ciudad de Lyón el 26 de julio de 1747. Antes fue obispo constitucional de Rhône-et-Loire en 1798. Dimitió de esta diócesis en 1801, pero después fue nombrado obispo de Toulouse. Murió en esa ciudad el 10 de octubre de 1816. En 1814 tenía 67 años.

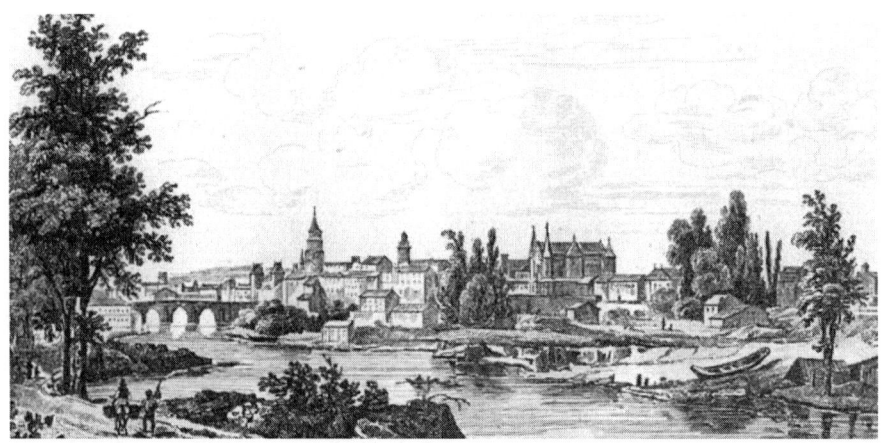

Montauban c. 1834. Al llegar a esta ciudad, Mayoral pone a prueba su nueva personalidad. Ante el alcalde, el vicario general y dos curas más, cuenta que su desgraciada situación actual se debe a haber hecho un discurso contra el rey en Madrid. Resulta todo un éxito.

Montauban. Museo Ingres, antiguo palacio episcopal y ayuntamiento. Mayoral vuelve a recibir un buen trato, y tanto el vicario general como dos señoras principales que le visitan, les proporcionan bienes y cartas de recomendación para su siguiente destino: Toulouse.

Toulouse. Una de las cartas de recomendación de Montauban era para la baronesa de Orrean (sic). Mayoral pasa a alojarse en su palacete, en donde es colmado de atenciones por parte de la noble y su hija que se prendan de él.

Le Capitole de Toulouse, sede del ayuntamiento. También traba amistad con el arzobispo de Toulouse. Junto con él protagoniza una de sus aventuras. La baronesa era calvinista y Mayoral logra convencerla para que se convierta al catolicismo. Y, en el palacio arzobispal, se celebró el bautismo de la baronesa, tomando ella los nombres de María Luisa Francisca. Esto era una nueva payasada de Mayoral, le puso los dos primeros por el cardenal de Borbón y el último por él mismo.

Perpiñán (Louis Nicolas de Lepinasse, c. 1800). Tras algunas aventuras más, finalmente Mayoral llega a Perpiñán acompañado de la baronesa y su hija. De ellas se despide con una carta de fecha 21 de julio de 1814, firmada "Negrete".

Castillo de Bellegarde (Louis Nicolas de Lepinasse, c. 1800). La escolta de Mayoral hace un último alto en Francia y se anuncia "al comandante español de La Jonquera que iba a entrar una personaje en su nación". Finalizaba así la estancia del fingido Cardenal de Borbón en el país vecino.

Joaquín de Ibáñez-Cuevas y de Valonga, barón de ERoles y cuarto marqués de La Cañada-Ibáñez. En 1814 ocupaba interinamente el cargo de capitán general de Cataluña y fue quien ordenó el ingreso de Mayoral en la prisión de la Ciudadela de Barcelona: "se me puso en el calabozo más indeliz que hay en ella".

Los sacerdotes Pou y Gallifa, el subteniente Navarro y los civiles Massana y Arlet conducidos a la horca la tarde del 3 de junio de 1809 en la Ciudadela de Barcelona. Mayoral ocupó la misma prisión que estos héroes de la lucha contra los invasores franceses, por tanto las quejas de un sinvergüenza como él podían sona a blasfemia.

Mayoral se hallaba así confinado en la Ciudadela de Barcelona mandada construir por Felipe V, y que podemos ver en la parte derecha de este plano realizado entre 1753 y 1800. Fernando VII ya había regresado a España el 22 de marzo de 1814, siendo aclamado como monarca absolutista. Los diputados realistas redactan en Valencia el famoso "Manifiesto de los Persas", en el que recomiendan la supresión de la constitución. Decía: "Señor. Era costumbre de los antiguos persas pasar cinco días de anarquía después del fallecimiento de su rey, a fin de que la experiencia de los asesinatos, robos y otras desgracias, les obligase a ser más fieles a su sucesor". En un episodio legendario el rey recibe al primer regente, el verdadero cardenal Luis María de Borbón, en Puzol y le exige el besamanos como signo de acatamiento incondicional. El cardenal -sigue el relato legendario-, que había acudido ingenuamente a que el rey jurase la constitución, cedió. El 4 de mayo el monarca recupera el pleno poder absoluto. El cardenal Luis María se salva de las represalias, pero es obligado a retirarse a Toledo y a renunciar al arzobispado de Sevilla y a sus rentas. En estos días vuelve a instaurarse el tribunal de la Inquisición.

En 1814 el ejército francés entrega a las autoridades españolas al sargento Francisco Mayoral, el cual es encarcelado en Barcelona para su enjuiciamiento. Mapa de Barcelona, George Matthaus Seutter.

Francisco Mayoral encarcelado en la celda de San Bartolomé del palacio de la Inquisición de Barcelona. Dibujo de una de las ediciones autobiográficas de sus aventuras. Barcelona, c. 1880.

La torre del campanario de San Juan fue el único vestigio
que se salvó del convento de Santa Clara al construirse
la ciudadela borbónica en Barcelona. Su destino fue el
de prisión y en ella se hallaría Mayoral el 6 de octubre
de 1814 cuando se dio inicio a su proceso en la Auditoría
General del Ejército. Ahora, el ínclito sargento, se hacía
llamar Félix Jolís o Solís en un intento de confundir al
tribunal. Ello prueba que todas las promesas de purgar
sus culpas una vez en España eran una simple excusa a
sus engaños. Pero, a lo largo de un año, las declaraciones
de los testigos lo van desenmascarando.

El comité de bienvenida a Mayoral está formado por el comandante español, un regidor y el cura párroco de La Junquera. Los papeles que acompañan al pícaro compatriota son de lo más extraordinarios, "pues en los unos se me tenía por el cardenal de Borbón, en otros por un obispo, en otros por un sargento, y según otros era un enigma mi persona". Mayoral dice declarar la verdad sobre su identidad, y argumenta la disculpa que ya lleva tiempo preparando: todo lo había hecho para mofarse de los franceses que un gran mal habían causado a España. En calidad de preso y desposeído de sus bienes, Mayoral es trasladado a Arenys de Mar, en donde el general lo manda llevar ante el capitán general de Cataluña, y éste lo manda ingresar en la prisión de la Ciudadela de Barcelona.

El palacio de la Inquisición aparece marcado con una N, junto a la catedral (M), en este detalle de BArcelona de Johan Stridbeck (1715).

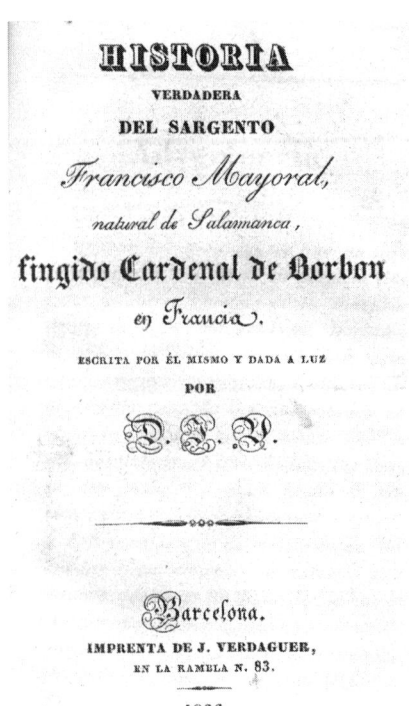

HISTORIA

VERDADERA

DEL SARGENTO

Francisco Mayoral,

natural de Salamanca,

fingido Cardenal de Borbon

en Francia.

ESCRITA POR ÉL MISMO Y DADA A LUZ

POR

D. F. P.

Barcelona.

IMPRENTA DE J. VERDAGUER,
EN LA RAMBLA N. 83.

1836.

El 27 de marzo de 1816 aparece por primera vez la Inquisición en el proceso. Mayoral solicita a un confesor, pues se halla enfermo en el hospital militar. El 18 de abril le visita el P. Ambrosio, Mayoral le entrega varios "papeles" y éste los hace llegar al inquisidor José Llózer. Sería quizás este religioso quien, poco antes de su muerte, haría llegar una segunda versión o copia de la autobiografía del sargento al impresor Joaquim Verdaguer, el cual editó la primera edición de la misma en 1836. A raíz de este texto publicado se propaga una falsedad referente a Mayoral -repetida en sucesivas ediciones- pues el sacerdote lo da por muerto en el citado hospital de Barcelona cuando consta que primero estuvo en Ceuta y después posiblemente en Salamanca.

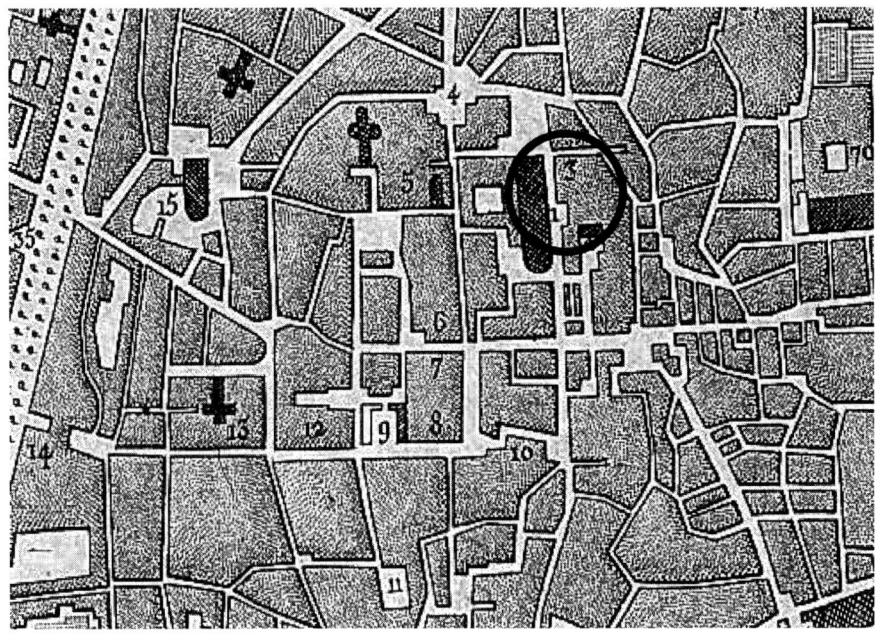

El palacio de la Inquisición de Barcelona se encontraba en el lugar que actualmente ocupa el Museo Marès -marcado con un 3 en este plano de 1806- y resta de él su escudo en la fachada de la calle dels Comtes.

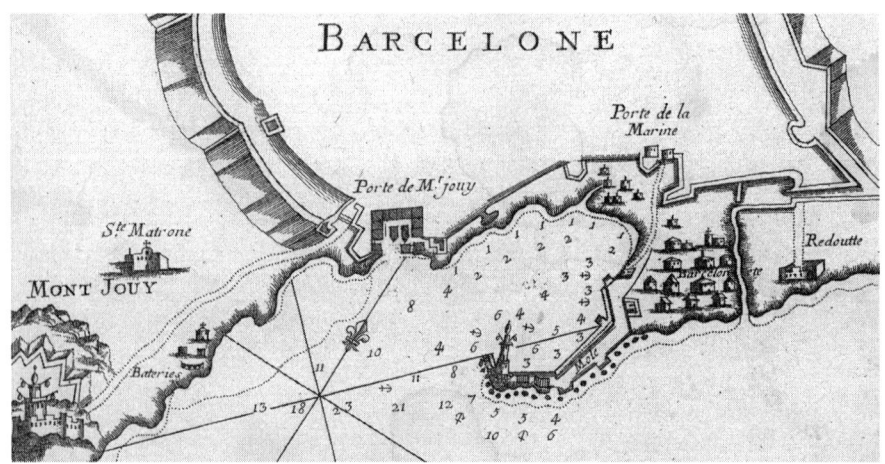

Barcelona (Joseph Roux, 1764). Después de una larga instrucción, durante la cual Mayoral permanece en la prisión del Castillo de Montjuïc, el 10 de marzo de 1818 el tribunal de la Inquisición da inicio al proceso contra él y recibe del capitán general Castaños los autos del tribunal militar.

A la una de la madrugada del 7 de abril de 1818, Mayoral es conducido de Montjuïc a las "cárceles secretas" del Santo Oficio (o Inquisición). Dos días después se le lee el atestado del auditor, al cual Mayoral pone sus reservas. En los meses siguientes se irán sucediendo los testigos de cargo y las declaraciones contradictorias del fingido cardenal, que continuamente dice estar muy enfermo y realmente lo estaba.

El 18 de julio de 1818 Francisco Mayoral suplica al tribunal que le imponga como pena "tener que visitar al Papa y tener pendiente una cadena que dé dos vueltas a su cuerpo". A Pío VII, después de haber sufrido en prisión por parte de Napoleón, sólo le hubiese faltado tener que soportar la presencia del pícaro Mayoral cargado de cadenas.

Grabado de la primera abolición de la Inquisición (diciembre, 1808). Sin embargo, después de Napoleón se vuelve a instaurar en España. El 6 de octubre de 1818 el tribunal condena a Mayoral a cuatro años de reclusión en el hospital de Ceuta. En otra época la sentencia por suplantar a un cardenal hubiese sido muy distinta, pero nos hallamos en la fase final del Santo Oficio (o Inquisición). La supresión definitiva ocurrió al inicio del Trienio Liberal en 1820.

En mayo de 1819 Mayoral llega a su destino: Ceuta (Jan Peeters, c. 1667). La última noticia fehaciente sobre él data del 19 de enero de 1820, cuando el tribunal de Barcelona accede a su petición y le concede el traslado a Ávila. El 26 de enero de 1822 muere en Salamanca un tal Francisco que podría quizás corresponder a nuestro protagonista. Su esposa, María Manuela Herrero, vivió en dicha ciudad y falleció en la misma en 1816.

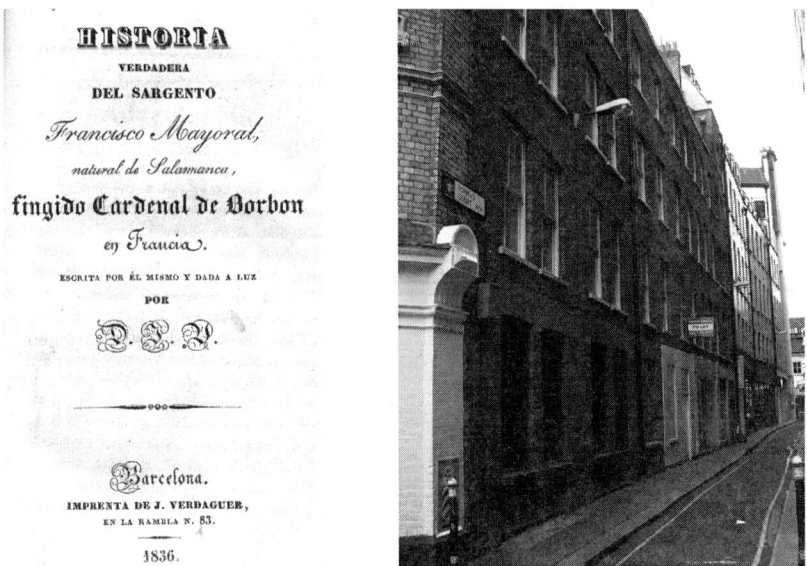

Portada de la edición londinense de la autobiografía de Mayoral (1846) y sede de la imprenta (Poppin's Court, Fleet Street).

Portada de la segunda edición autobiográfica de Barcelona (c. 1880). Durante casi 170 años sólo supimos de las aventuras de Francisco Mayoral por lo que él mismo dejó escrito en prisión. Así, se presentaba como un héroe de la Guerra de la Independencia como el gran vengador del ultraje de Napoleón y, finalmente, como el mártir ingratamente recompensado por sus compatriotas.

Antigua puerta de Barcelona, hoy plaza Nova. En la torre romana de la derecha de la imagen tiene su sede el Archivo Diocesano de Barcelona. En su interior se custodia la verdad sobre el sargento Mayoral; quien no fue ni héroe, ni franciscano, ni Cardenal de Borbón, ni obispo de Plasencia, ni presidente de Zamora, ni pariente de Luis XVI y María Antonieta, ni primo de la Emperatriz de Francia y esposa de Napoleón, ni tampoco de Fernando VII... Pero vosotros, queridos lectores, nos concederéis que sí fue uno de los mayores pícaros de toda la historia. Hete aquí otra muestra de la ficción superada por la realidad.

El auténtico cardenal Luis María de Borbón, retratado por Francisco de Goya.

III

EL AUTÉNTICO CARDENAL LUIS MARÍA DE BORBÓN

Un personaje enigmático

El verdadero cardenal de Borbón, al que Francisco Mayoral burdamente suplantó en Francia, es un personaje de gran interés dentro de la historia española de las primeras décadas del siglo XIX. A la vez es un personaje enigmático y contradictorio, de difícil interpretación histórica, que suscita, aún hoy, reacciones de compasión o de rechazo, de simpatía o de aversión..., pero que representa un intento honesto de conciliación entre lo tradicional y los principios que animaron la célebre Constitución española de 1812.

Obviamente que Francisco Mayoral acertó al escoger su personaje. Suplantar al cardenal de Borbón tendría mucha garra. En algunos sectores de la nobleza de Francia se hablaba mucho de él, unos por ser el cardenal defensor de la Constitución, otros por haber ido contra el enemigo común: Napoleón. En una sola persona coincidían las nostalgias del antiguo régimen y las esperanzas innovadoras de las ideas revolucionarias francesas trasladadas a España. Era una viviente contradicción política e histórica.

La verdadera historia del auténtico cardenal de Borbón nos resulta no menos apasionante que la del falso, o sea la aventura que antes hemos expuesto de Mayoral. Al igual que éste, preside estática y solemnemente su propio destino o infortunio. Luis Mª de Borbón durante la invasión francesa encabeza la Regencia de Cádiz, sanciona el decreto de las Constituyentes y convoca las Cortes. Con la restauración del absolutismo es ultrajado públicamente por su primo Fernando VII, desterrado de la Corte Real y privado de la diócesis de Sevilla así como de la administración de los bienes de la de Toledo y reducido al ostracismo. Sin embargo, en la revolución del 1820 es nombrado de nuevo presidente de la Junta de Gobierno Provisional y el Gobierno Constitucional le reserva un puesto en el Consejo de Estado. En él, a ventazos, en su vida, jugaron tanto la fortuna como la fatalidad. Hijo del que había sido también cardenal de Toledo y de Sevilla, su primogénito, fue proscrito por el rey Carlos III, por simple miedo, ya que él hubiera podido ser rey de España. Cuñado de Godoy, personaje éste último el más adulado y a la vez más vilipendiado de la historia española dentro del siglo XIX.

Su padre era ya cardenal de Toledo a los 8 años. El maleficio real

Su padre, el infante D. Luis Antonio de Borbón (hijo de Felipe V, hermano de Carlos III y hermanastro de Luis I y Fernando VI) fue cardenal a los ocho años[49] y arzobispo de Toledo y de Sevilla en su misma infancia. Estas diócesis eran administradas en nombre de los titulares por arzobispos u obispos auxiliares que recibían la ordenación episcopal. El infante D. Luis Antonio titular de esas sedes, nunca fue ordenado obispo. También las crónicas nos dicen que el cardenal Luis Antonio de Borbón siempre estaba al lado de su madre la célebre Isabel de Farnesio.[50]

Nos dice la crónica que a la muerte de Felipe V «Don Luis Antonio por la gracia de Dios, infante de España, cardenal diácono de la Santa Romana Iglesia del título de Santa María de Scala, arzobispo comendador, administrador y dispensador en lo espiritual y temporal de los arzobispados de Toledo y Sevilla, etc. renunció en

---

49 Luis Antonio de Borbón nació en Madrid el día del apóstol Santiago de 1727. Era hijo de Felipe V y de la segunda mujer de éste, Isabel Antonia de Farnesio. El rey, su padre, obtuvo del papa Clemente XII un "breve" (dado en Roma el 10 de septiembre de 1735) por el cual dispensándole la edad —pues Luis Antonio sólo tenía 8 años— le concedía la administración temporal del arzobispado vacante de Toledo y poco después por otro "breve" expedido el 19 de diciembre del mismo año, lo creó cardenal con el título de Santa María de Scala. El papa dispuso que en los despachos oficiales y cartas se le diesen los títulos de "Su Alteza Real y Eminentísima, Monseñor Cardenal de Borbón, Infante de España". Tomó, en nombre suyo, posesión del arzobispado de Toledo, el obispo de Málaga Fr. Gaspar de Molina el 21 de febrero de 1735. A primero de diciembre de 1737 el papa le envió otra bula por la que le agregaba la administración espiritual de su arzobispado. El 12 de mayo de 1741 el rey lo había presentado a la Santa Sede para el arzobispado de Sevilla, proponiendo a la vez como administrador de la archidiócesis al arzobispo electo de Mitilene, D. Gabriel Torres de Navarra y Monsalve en quien debía residir toda autoridad espiritual.

50 J. ALONSO MORGADO, *Prelados sevillanos o episcopologio de la Santa Iglesia Metropolitana y Patriarcal de Sevilla* (Sevilla 1906), págs. 635-638. C. ROS, *Los arzobispos de Sevilla, luces y sombras en la sede hispalense* (Sevilla 1986), págs. 213-219. Véase la amplia bibliografía en las págs. 333-345.

manos de Su Santidad el capelo cardenalicio y la dignidad de arzobispo de Toledo y de Sevilla.» El motivo de tal renuncia era «por haberle faltado al infante la vocación al estado eclesiástico».[51] A la muerte de su madre la reina Isabel de Farnesio (11 de julio de 1766), manifestó su deseo de casarse,[52] pero no consiguió licencia de

---

51   El texto de la carta de despedida del infante D. Luis Antonio de Borbón es el siguiente: «Venerable Déan y Cabildo de la Santa Iglesia de Sevilla. Por cuanto con consentimiento del Rey mi Señor y hermano, he tenido a bien renunciar en manos de su Santidad el Capelo cardenalicio que la Santa Sede me concedió, y la dignidad de Arzobispo de esa Santa Iglesia metropolitana: y venido su Beatitud en admitir una y otra renuncia, y S.M. en mandar que tenga efecto, os lo prevengo, para que lo tengáis entendido, y podais proceder a lo que por derecho os competa. Y os pido muy afectuosamente, que en consideración al particular amor, que he tenido y mantendré toda mi vida a esa Santa Iglesia metropolitana, y a la atención que me ha merecido su venerable Cabildo, acordéis que para después que Dios fuere servido llevarme de esta vida a la eterna, se haga y celebren por mi alma los sufragios, que por estilo, costumbres, o acuerdos capitulares se huvieren hecho y celebrado por Infantes Arzobispos, mis antecesores; que los gastos que en ellos se ocasionaren, es mi voluntad que os abonen de las rentas que gozare, según y como se hubiere acostumbrado y practicado en otras ocasiones. —Os agradeceré mucho esta nueva prueba de vuestra buena ley y atención, como os lo manifestaré en las que se os ofrezca de vuestra satisfacción, y del mayor aumento de esta Santa Iglesia Metropolitana. —Dios os guarde y conserve en santa gracia. —Dada en San Ildefonso a 2 de Enero de 1755. — LUIS ANTONIO (padre de Luis María que también era cardenal)».

El cabildo de Sevilla le contesta con esa carta: «Serenísimo Señor: con el más vivo dolor recibimos la apreciable carta de V. A. su fecha 2 del que corre, en que se digna noticiarnos la dimisión, que con anuencia del Rey Nuestro Señor, carísimo hermano de V. E., y con las aceptación de S. B. ha hecho Vuestra Alteza del Capelo cardenalicio y de esta Diócesis, cuya Mitra en las sienes de V. A. tenia toda su exaltación y el mayor esplendor. El quebranto de esta Iglesia será inconsolable, pues toda su gloria la cifraba en tener Prelado tan excelso. Su amor a la Real persona de V. A. será inmortal, y la memoria de la especial atención y afecto con que V. A. ha obligado nuestra lealtad a un perenne agradecimiento, que dulcemente nos compele a rogar al Cielo sin intermisión que prospere por muchos siglos la importante vida de V. A. y para después, (lo que nunca llegaría consultados nuestros votos) ofreceremos los sufragios y honras, excediendo a todos los que se hayan hecho por otros señores Infantes Arzobispos antecesores a V. A., sin dispendio alguno de su real erario, pues para ellos obliga este Cabildo los haberes de su Mesa Capitular, teniendo su plena satisfacción en dar esta que siempre confesará ser tenue prueba de su amor a V. A., como la daremos obedeciendo en los procedimientos, que por derecho nos competan, por la solemnizada renuncia de este Arzobispo. —Nuestro Señor oiga nuestros ruegos, y conserve la preciosa vida de V. A. los años que desea España y la Iglesia. —Dada en nuestra Sala capitular a 7 de Enero de 1755» (Véase J. ALONSO MORGADO, *Prelados Sevillanos...*, pág. 639-640.)

52   Ya antes, en privado, exponía su deseo «de arreglar su conducta». Así el 1 de octubre de 1775 el infante Luis Antonio de Borbón escribía al confesor del rey Carlos III, su hermano que era a la vez su rey con estos términos: «Vuestra Señoría Ilustrísima (el confesor del rey) debe recordar que habiéndome hablado últimamente a propósito de mis galanterías, yo le respondí que para ponerlas a término y tranquilizar mi conciencia tenía que casarme. Vuestra Señoría Ilustrísima me hizo observar que primero había que comenzar por arreglar mi conducta y que hallaría buena respuesta al rey mi hermano, según el voto que acababa de emitir». Y al Rey su hermano Carlos III: «Después de esta entrevista os envié mi confesor que os recordara vuestra promesa. Ahora os voy a confesar que el único motivo que tuve para renunciar a mis arzobispados fue la convicción íntima de no estar llamado al estado eclesiástico y manifestar, por el contrario, inclinaciones poco compatibles con los deberes que aquél prescribe. Aplazado mi matrimonio he caído en desórdenes que lamento, sobre todo por el disgusto que han debido ocasionar al rey mi hermano. Pero para evitar en el futuro caídas semejantes y no exponerme a penar al rey, que después de la ofensa a Dios es, para mí la más viva de todas las amarguras, yo no veo otra salida que mi matrimonio». (Véase C. ROS, *Los arzobispos de Sevilla...*, pág. 216).

su hermano Carlos III, hasta el 19 de mayo de 1776[53]. El rey no vio con buenos ojos la propuesta de matrimonio con Teresa de Vallabriga y Rozas ya que según la pragmática dada por Felipe V podía convertirse el infante Luis Antonio una vez casado y con descendencia, en un posible rival suyo de la corona española. En un principio Carlos III quiso casar a su hermano (de 49 años) con la más fea de las princesas, su propia hija, María Josefa de 32 años. Tal enlace entre tío y sobrina fue inaceptable, no sólo porque debería pedirse dispensa al papa, y éste raramente lo hubiera concedido, sino principalmente porque aquel portento de fealdad, entre los no muy agraciados borbones, incapacitaría al excardenal a «arreglar su conducta». Como es lógico la princesa murió soltera (8-XII-1801) y su tío buscó otra doncella de su agrado. No sabemos si acertó, pues en los lienzos de Goya hay un muestreo no tanto de bellezas sino de realeza no muy estética. Los borbones no destacaban por su sabiduría ni, por supuesto por su hermosura. En las reticencias de Carlos III por casar a su hermano había poderosas razones de Estado. La Ley Sálica que promulgó Felipe V en 1713 legislaba que los herederos a la corona debían ser nacidos en España. Los hijos de Carlos III habían nacido en Nápoles y su sucesor legítimo era el infante don Luis Antonio excardenal y tras él sus descendientes varones, si se casaba. Por esto Carlos III daba largas al matrimonio y cuando se vio forzado para acallar los escrúpulos de su hermano, ideó primero lo de su hija y después un matrimonio morganático. Con ello se libraba del fantasma de la sucesión.

Por fin el rey en el decreto de Aranjuez del 22 de mayo de 1776 concede permiso de matrimonio al cardenal, pero al considerar que la prometida de D. Luis Antonio era «persona de desigual rango» les impone unas denigrantes condiciones. Sin embargo, el 25 de junio de 1776, contrajeron matrimonio en la villa de Olías de Rey. Como obsequio de bodas Carlos III les desterró a 20 leguas de Madrid. Luis Antonio, desde Talavera de la Reina preguntó a su hermano «si estaba bien en aquella villa», a lo que el rey contestó que no (sic), pues sólo había de distancia «diecinueve leguas».

Entonces los nuevos esposos se fueron a la villa de Velada, que distaba 22 leguas y en una ocasión que el excardenal y su esposa salieron de cacería, llegaron al término de Arenas de San Pedro, diócesis de Avila, y allí de inmediato, hacia el norte de la población, vieron un «sitio ameno, fértil, y delicioso», y lo eligieron para vivir,

---

53 C. Ros: *Los arzobispos de Sevilla...* pág. 216.

labrando al efecto el hermoso palacio, del mismo orden de arquitectura que el Real de Madrid, aunque más reducido en sus proporciones. Fue adornado rica y suntuosamente, con variedad de preciosidades y espaciosos jardines.[54]

El infante D. Luis Antonio (excardenal) murió en aquel palacio, el año de 1785, y su cadáver, por orden del rey, fue depositado en la iglesia de los franciscanos descalzos de aquel mismo lugar al lado de la capilla donde yacía el cuerpo de san Pedro de Alcántara, pero sin la menor mención de que era príncipe de España.[55]

Luis Antonio (excardenal) de su matrimonio con María Teresa Vallabriga tuvo tres hijos. El primero es nuestro cardenal de Borbón: Luis Mª. Dos hijas le siguieron, María Teresa (a. 1780-1828, casada con Godoy) y María Luisa Fernanda (a. 1783, casada con el duque de San Fernando, Joaquín José de Melgarejo). Carlos III (otra vez se constata la maldad de este rey) prohibió que los tres hijos del infante excardenal Luis Antonio llevasen el apellido de Borbón, por lo que usaron el de su madre, Vallabriga, hasta muchos años después, que Carlos IV les permitió que firmasen «Borbón», ya no había peligro de sucesión. La tumba del infante Luis Antonio recibió también la maldición de su hermano Carlos III. En las memorias antiguas de Arenas de San Pedro se dice: «Murió D. Luis Antonio de Borbón, hermano de Carlos III por los años 1785 y fue enterrado junto a la capilla de San Pedro de Alcántara, que con sus limosnas y las de los fíeles, mandó levantar Carlos III, unida a nuestro convento. Entre la muralla exterior e interior de la capilla, hay un pasillo por donde se comunican las cuatro pequeñas sacristías que tiene. En este pasillo por la parte más próxima a la sacristía de la iglesia, levantando una gran losa,

---

54 J. ALONSO MORGADO, *Prelados sevillanos...*, pág. 642. «En Arenas de San Pedro, anchuroso paisaje de remanso en el que el infante quiso ser feliz y fundar uno de esos palacios en que hay un respiro de renacimiento en medio de aislamiento del campo, el infante forma su pequeña corte. Su arquitecto fue Ventura Rodríguez y el pintor Goya en los veranos 1783 y 1784 realizará bellas pinturas del infante y su familia» (C. ROS, *Los arzobispos de Sevilla...*, pág 218)

55 J. ALONSO MORGADO, *Prelados sevillanos...*, pág. 642: Los Anales de Sevilla consignan aquel año que el "veintisiete de Agosto tuvo el Cabildo Eclesiástico noticia oficial del fallecimiento del Serenísimo Infante D. Luis Antonio Jaime de Borbón, hermano del Rey y nuestro antiguo Arzobispo, acaecida el siete del mismo en la villa de Arenas, y al punto mandó echar el doble solemne, que duró todo el día, al que siguieron todas las Parroquias, y se cantó un responso, disponiendo las honras para los días doce y trece de Septiembre, en los que igualmente fue general el doble en Sevilla, habiendo concurrido a la Catedral la tarde del primero, el Clero y Comunidades con sus respectivas Cruces, donde cantaron la Vigilia, y el día siguiente en la misma forma la misa, habiéndoles repartido la fábrica de la Catedral cera para ambos actos. El Clero oficio en las Capillas del Sagrario, y las Comunidades en las de la Iglesia, delante de cuyo Coro se erigió majestuoso túmulo, ya su vista cantaron responsos todas las corporaciones que asistieron. Celebró Misa el Chantre de la misma D. Lorenzo Riostrada, y concluida se cantaron los Responsos de estilo".

se ven todavía señales (manchas de sangre) de haber estado enterrado allí el infante D. Luis. No hay inscripción ninguna. Los hijos del infante, cuando tuvieron edad suficiente para comprender el desaire que se había hecho con su padre, presentaron al rey el derecho que tenían a que sus cenizas descansaran entre las de los reyes de España, y a consecuencia de esto ordenaron que los restos de D. Luis fuesen trasladados al panteón de los reyes del Escorial, como se hizo al departamento de los Príncipes, a los siete años de la muerte del mismo infante».[56]

Luis María (de Vallabriga) de Borbón, arzobispo de Sevilla. Toma de posesión

Don Luis María de Borbón y Vallabriga (hijo del excardenal) nació el 22 de mayo de 1777 en la villa de Cadalso de los Vidrios (recuérdese que el falso cardenal Francisco Mayoral nació cuatro años después, concretamente en el mes de septiembre de 1781). El padre del verdadero cardenal, o sea, Luis Antonio de Borbón, tenía 50 años. En aquella familia el personaje dominante era su madre. Era quien mandaba en aquella casa: La célebre Doña María Teresa Vallabriga. Así en el lienzo de Goya, éste la pinta en el lugar central secundado por el infante D. Luis Antón, su esposo. Éste, como hemos dicho, estaba exilado y desterrado de la villa de Madrid, y no pudo imponer su apellido "Borbón" a su hijo Luis María. ¡Qué tristeza para un padre no poder ni siquiera dar su apellido a su hijo! Este es el motivo por el cual esta familia, con su excardenal y el cardenal Luis María, siempre está figurada con una profunda melancolía y unos semblantes infelices, dignos de compasión. En el registro parroquial se le inscribe con el apellido de su madre, Luis María Vallabriga. Se concedió, sin embargo, al recién nacido el título de conde de Chinchón. Título ese que induce a una sonrisa, quizás malévola y seguramente ridícula.

El emisario del Consejo de Castilla (D. Alejandro Vallejo) nos describe el nacimiento de Luis María, el que sería cardenal de Toledo: «...Esta mañana a las tres dio esta Señora (Mª Teresa de Vallabriga) a luz un galán niño, después de un parto seco (sic) algo trabajoso, que causó el que se suministrase el agua de socorro antes que acabase de salir a la luz de este mundo. Vino la criatura de pies, y eso atravesó bastante tiempo el suceso; está fuerte y sin lesión, y esta tarde se llevará

---

56 Cita de Alonso Morgado, *Prelados sevillanos...*, pág. 643.

a la Iglesia Parroquial a que reciba el Sacramento. Se llamará Luis María». Así se halla este relato en el Archivo Histórico Nacional de Madrid sección Estado (nº 6.437). Gozoso D. Luis, su padre, comunicó con la máxima prontitud el suceso a su hermano el rey D. Carlos III, pero el Rey devolvió la carta sin tan siquiera haberla abierto. Ante estos constantes hechos denigrantes de Carlos III contra el infante y su hijo nos podemos preguntar ¿Por qué? Evidentemente la descendencia de un matrimonio entre el infante D. Luis y su posterior nacimiento entrañaba muchos peligros para las aspiraciones al trono del hijo de Carlos III, el futuro Carlos IV, al ordenar (como anteriormente hemos indicado) la ley sálica de 1713, aún vigente, que el futuro rey de España fuese un príncipe nacido y criado en España, condiciones que aquel heredero (Carlos IV) no cumplía, ya que era oriundo del Reino de Nápoles. Este era el peligro que el rey Carlos III tanto temía. Por esto se opuso al reconocimiento del hijo de su hermano, el cual podría llegar a ser rey de España. Deseo manifestado por algunos de la nobleza e incluso por algunos jesuitas que llegaban a decir que Carlos III no era hijo legítimo. Todo esto contribuyó a la expulsión de los jesuitas y al infortunio del cardenal y del excardenal de Borbón.

Su educación corrió a cargo del célebre Francisco Antonio Lorenzana, que será cardenal arzobispo de Toledo. A Luis María en su mismo palacio toledano se le conocía por el «señorito». Las crónicas nos dicen que a los 10 años fue condecorado con la Gran Cruz de Carlos III. A pesar de ello, siempre vivió alejado de la corte, distante de comunicación con la familia real, hasta que se acordó el casamiento de su hermana María Teresa (Borbón) Vallabriga, con Godoy, el pretendido Príncipe de la Paz, quien lo llamó a la corte con sus hermanas.[57] En tal ocasión fueron reconocidos como infantes de España y primos del rey Carlos IV.[58] Este concedió a don Luis Mª la dignidad de arcediano de Talavera y posteriormente le presentó

---

57 La viuda María Teresa de Vallabriga, al marcharse sus hijos a la Corte, dejó el palacio de Arenas de San Pedro para instalarse en Zaragoza, su tierra natal. Cuando la invasión de los franceses, se refugió en Mallorca. Volvió a Zaragoza en 1813 y allí permaneció hasta su muerte, el 26 de febrero de 1820. A. Ponz, *Viaje literario de España* (Madrid 1988), pág. 108.

58 Luis María de Borbón el futuro cardenal de Toledo era primo carnal de Carlos IV. Se llevaban 29 años de diferencia: Luis María nació en 1777 y Carlos IV en 1748. Con el hijo de éste, el que será Fernando VII, se llevaba sólo 7 años. Fernando VII nació en 1784. Del matrimonio de Carlos IV con María Luisa de Parma nacieron los siguientes hijos: *Carlota* (1775-1830 casada con Juan VI, rey de Portugal), *María Amelia* (1779-1798, casada con Luis I, rey de Etruria), *Fernando VII* (1784-1833, rey de España, casado sucesivamente con María Antonia de Nápoles, con María Isabel de Portugal, con María Josefa Amalia de Sajonia, y María Cristina de Nápoles), *Carlos María Isidro* ("Carlos V", 1788-1855, conde de Molida, casado con María Francisca de Portugal y María Teresa de Portugal, princesa de Beira), *María Isabel* (1789-1848, casada con Francisco I de Sicilia y posteriormente con Francisco conde de Balgo) y *Francisco de Paula* (1794-1865 duque de Cádiz casado con Luisa Carlota de

para el arzobispado de Sevilla por estar esta sede vacante, debido a la renuncia del arzobispo Despuig. Don Luis María de Borbón tenía 22 años. En algo se había mejorado, ya que su padre, al ser creado cardenal, tenía 8 años tal como nos lo pinta Goya. Conocida la noticia del nombramiento de arzobispo de Luis María, el cabildo de la catedral de Sevilla le escribe dándole la enhorabuena el 2 de mayo de 1799, y D. Luis María de Borbón les contesta el 8 de marzo de 1799.[59]

Los anales de la catedral de Sevilla[60] nos narran cómo tomó posesión el nuevo arzobispo. Transcribimos íntegramente un fragmento por considerarlo de interés en la ambientación de la época: «La Sede vacante se publicó en esta ciudad el 14 de mayo, con las formalidades de estilo, y habiendo este cabildo recibido carta del nuevo electo, fechada en Toledo a 15 de abril, en que le participaba haber llegado sus bulas, despachadas favorablemente el día de san Leandro, y enseguida a su lectura, mandó dar tres repiques solemnes en la Torre. La posesión la tomó en su nombre, el domingo infraoctava del Corpus, 26 de mayo de 1799, el Ilmo. Sr. D. Manuel Cayetano Muñoz, obispo auxiliar, quien con el licenciado don Juan Miguel Pérez Tafalla, canónigo de esta iglesia, quedó de gobernador del arzobispado durante la ausencia del prelado y de vicarios generales, el doctor D. Juan Acisclo de Vera, provisor, y D. José Benito de Bárcena, juez de la Santa Iglesia».

Nápoles). Véase C. M. RODRÍGUEZ LÓPEZ BREA, *Don Luis de Borbón. El cardenal de los liberales (1777-1823)* (Albacete 2002), págs 53-57.

59 El texto de la carta era el siguiente: "Ilustrísimo Señor: Me ha colmado justamente de imponderable complacencia, la carta de V.S.I. de dos del presente mes, dirigida a felicitarme por el señalado honor que el Rey N. S. por un efecto de su notoria beneficencia se ha dignado dispensarme, nombrándome para la Mitra de esa Santa Iglesia Metropolitana y Patriarcal. Será eterno mi reconocimiento a V.S.I. por las atentas expresiones con que me honra: y a imitación de mi glorioso Padre el Serenísimo Sr. Infante Don Luis, que esté en el Cielo, y de otros insignes y celosos Prelados, que desde esa Silla Pontifical han ilustrado la Iglesia: al paso que consagraré gustoso todas mis tareas al más acertado gobierno de esta diócesis, seré infatigable en promover el ilustre y esplendor, que distingue a V.S.I. entre todos los Cabildos de España. Nuestro Señor prospere a V.S.I. muchos años. Toledo 8 de Marzo de 1799 — Ilustrísimo Señor.— Luis, Conde de Chinchón, Arzobispo electo de Sevilla. — Ilmo. Sr. Deán y Cabildo de la Santa Iglesia Metropolitana y Patriarcal de Sevilla (véase Alonso Morgado, *Prelados sevillanos...*, pág. 730).

60 Citados por ALONSO MORGADO, *Prelados sevillanos...*, pág. 730-731. Véase también C. M. RODRÍGUEZ LÓPEZ BREA, *Don Luis de Borbón...*, pág. 62.

Pompa y magnificencia en la entrada a Sevilla

Continua la crónica: «Habíase consagrado nuestro arzobispo —tenía 22 años— en el Real sitio de Aranjuez el 2 de junio de 1799, siendo su padrino en nombre del rey que estuvo presente a la sagrada ceremonia, el Excmo. Sr. marqués de Santa Cruz, Mayordomo Mayor de Palacio, y luego al punto dispuso su viaje a Sevilla, a cuyo Cabildo Eclesiástico dio aviso desde Córdoba, contestando carta que el mismo remitió, de que el 27 de junio de 1799 tendría la satisfacción de recibir su diputación en Carmona, a donde con gran pompa y magnificencia se dirigieron los nombrados para ella, que lo fueron el Doctor D. Rodrigo de Sierra y Llanes, Arcediano titular, D. Pedro Espejo, canónigo, y D. Ignacio Valcárcel, prebendado. La comitiva se componía de una acémila cubierta con paño de terciopelo carmesí bordado de oro, en que iba la ropa de los diputados, dos peones con casaquilla del mismo color y tela flaqueada de galón de oro, en caballos decentemente arreados, y dos soldados de caballería: a éstos seguían cuatro batidores de igual arma, y el coche de la diputación, a cuyos costados marchaban otros dos soldados con espada en mano. Los capellanes, pajes, y el caballerizo, ocupaban por este orden otros tres coches, cerrando la marcha cuatro soldados de caballería. Mucho se alegró el prelado al ver el noble aparato con que se le presentaba la Diputación, de que infería el decoro del cuerpo que representaba, y evacuada que fue la etiqueta, dio permiso para que se pusieran de corto, y los convidó a comer, refrescar y cenar en su compañía, habiéndose despedido la diputación aquella misma noche para volver a Sevilla: quedó muy complacido el cabildo cuando supo la honra que el prelado había dispensado a sus representantes. Su gratitud la manifestó el siguiente día 28 de junio, a su entrada en Sevilla, pues luego que se descubrió su coche por la hacienda de Ranillas, tocó la Torre un medio repique, que se convirtió en solemne y general en todas las parroquias y conventos cuando llegó a la ciudad, demostración particular con que el Cabildo quiso distinguir su elevado carácter. La entrada fue por la puerta Nueva, arquillo de la Moneda, y por los Graneros a Palacio; mas antes de entrar, quiso hacer estación en la Iglesia, donde al son de los órganos, hizo oración en la Capilla Mayor y en la de la Antigua, acompañándose el cabildo sin ceremonia. En ambas tenía reclinatorios, y junto un almohadón para su hermana que jamás dejaba a su lado, con vestido oscuro de camino y sombrerillo, con el que continuó cubierta en la Iglesia. El Arzobispo venía de corto, con puños, y el pelo rizado con polvos, y la corona del tamaño de medio duro, sin más insignias que el pectoral y la gran Cruz de la orden de Carlos III. Luego que entró en Palacio, pasó a él una diputación de su Cabildo en toda ceremonia para felicitarle: y la misma, ya de manteo y sombrero, ejecutó igual cumplimiento con la hermana del excelentísimo prelado, a quien se había dispuesto en el mismo Palacio muy cómodas habitaciones, independientes de las que ocupaban los familiares del Arzobispo».

Repiques solemnes desde la Giralda

«Aquella noche y las dos siguientes —sigue la crónica—, hubo repiques solemnes en todas las torres de la Ciudad, con esplendorosas iluminaciones, como la que se dispuso en los balcones del Palacio, con brillantes arañas y hachas de cera; los que además estuvieron adornados con ricas colgaduras, imitándolos los demás de la plaza del palacio, donde se sirvió un suntuoso convite, en el que tocó una numerosa orquesta, y después en las tres noches de la iluminación, en los intermedios de los repiques. También en los patios del Palacio se situaron coros de música, que alternaban con los repiques y continuaron hasta después de las diez de la noche.

»El día de san Pedro, después de la Misa, la diputación del Cabildo Eclesiástico pasó a cumplimentar al ilustre prelado (Luis Maria), en cuya antesala el cabildo se detuvo como particulares para acompañarla, habiendo salido asimismo toda la familia del palacio para su recepción y obsequio hasta la escalera. Lo mismo hizo el día 30 con la diputación de la Ciudad, que se presentó con gran decoro y pompa, y enseguida con la de la Real Maestranza de Caballería, y la de la Colegial del Salvador; cuyas corporaciones visitaron a continuación a la Señora (la esposa de Godoy, hermana del cardenal Luis María), quien recibió con mucho agradecimiento la atención de sus demostraciones. En los siguientes días, la Real Sociedad Patriótica, la Capilla Real de San Fernando, el Colegio Mayor de Santa María de Jesús, y la Universidad de Beneficiados propios de Sevilla, por medio de sus diputaciones, cumplimentaron a los dos serenísimos hermanos, no habiéndolo hecho la Real Audiencia, por considerar este acto contrario a su alta representación. Tampoco la Universidad Literaria, por haberla antecedido otras corporaciones a quienes tenía ganada la preferencia en semejantes actos.

»La entrada solemne que el Excmo. Arzobispo había de hacer en su Santa Iglesia, la tarde del domingo 7 de julio de 1799, fue anunciada con repiques solemnes de las doces, y a las seis de la tarde se dirigió en silla de manos a ella, en cuya puerta principal le esperaba el Cabildo, donde se revistió de Pontifical, y mientras cantó la música la antífona *Ecce Sacerdos magnus*. Aquella noche se sirvieron al Cabildo refresco y dulces en el palacio, cuyos balcones estuvieron engalanados con brillante iluminación, a que se acompañaba la Torre con luminarias y repiques, del mismo modo que las tres noches siguientes.

»La ciudad, a pesar de sus escasos fondos, y sólo consultando a su honor y carácter del nuevo Prelado, dispuso esa misma noche una profusa iluminación de arañas y hachas de cera en sus Casas Capitulares, con dos conciertos de música, uno marcial, que alternaban en sus puntos, a lo que correspondieron algunos vecinos de la plaza San Francisco iluminando sus balcones y adornándolos con primorosas colgaduras».

Visita a los dos sagrarios. La hermana del arzobispo. Misiones populares

«Posteriormente, el 16 de julio, acompañado de su Cabildo, el Prelado visitó en la forma acostumbrada ambos sagrarios en la iglesia desde los cuales pasó a hacer oración ante las imágenes de la Antigua y de los Reyes, y de aquí a la sala capitular, donde manifestó su agradecimiento con afectuosas expresiones, a las que respondió el deán D. Fabián de Miranda y Sierra.

»Entre tanto en la capilla mayor, al lado de la Epístola, se había elevado una tribuna entapizada y colgada, que debía ocupar la hermana del Excmo. Arzobispo (esposa de Godoy), cuando concurriese a la Iglesia; distinción que el Cabildo le concedió no sin graves contradicciones, en consideración a sus distinguidas circunstancias que se aumentaron por Real Decreto de 4 de Agosto, por el que se concedía a nuestro Arzobispo, hermanas y sucesores, la Grandeza de España de primera clase, libre de Lanzas y medias Annatas, en atención a ser hijos del Infante D. Luis de Borbón (excardenal), cuyo apellido y armas podrían utilizar en adelante. Nuestra iglesia celebró esta merced con tres repiques solemnes en la Torre la tarde del 10 de agosto, en que el Cabildo recibió la noticia que se repitieron las noches de los días 11 y 12, con luminarias, estando el Palacio igualmente iluminado con arañas en los balcones y hachas de cera, y un concierto de música en el segundo patio. El 12, después de Misa, se cantó en nuestra Catedral con la mayor solemnidad el Te-Deum, aunque sin la asistencia del Arzobispo.

»El virtuoso Prelado desde luego manifestó su celo por el bien espiritual de las almas, y sabedor de la residencia en Sevilla, y permanencia por entonces, del Bienaventurado P. Fr. Diego José de Cádiz, concibió la idea de algunas misiones, tanto en la ciudad como en los pueblos del Arzobispado. Al efecto se lee en la vida de aquel siervo de Dios, que fue personalmente a visitarlo, dice: "El Excelentísimo e Ilmo. Sr. Arzobispo de Sevilla, D. Luis de Borbón Conde de Chinchón, hijo del Infante D. Luis de Borbón y Farnesio, lo visitó en este convento de Capuchinos de Sevilla, con su hermana, y le confirmó en las gracias y facultades con que lo habían condecorado sus antecesores: y que puede usar en su Arzobispado de todas las gracias que los demás obispos le han concedido, y además, que pueda conceder a los fieles las gracias e indulgencias que el mismo arzobispo concedía por su dignidad».

La fiebre amarilla

«Al siguiente año de 1800, invadió a esta ciudad la horrorosa epidemia llamada vulgarmente la fiebre amarilla, causando terribles estragos, y el arzobispo, que se hallaba en Sanlúcar de Barrameda, luego que supo la aflicción de Sevilla, se trasladó a ella, y ofreció todos sus bienes y rentas en alivio de los necesitados, a cuya vista se libraron contra su tesorería cuantas cantidades se necesitaban. Después había recibido orden del Rey para ausentarse de Sevilla a paraje libre del contagio, lo que ejecutó la misma tarde del 14 con su familia, eligiendo la hacienda de Fuensanta, o del Arzobispo, al pago de la Cruz del Campo, y hasta los instantes de partir dio el dignísimo príncipe muestras de su piedad y devoción, pues habiendo entrado en el palacio la procesión de Nuestra Señora de la Salud, salió a recibir a la Señora, y la acompañó hasta la salida, con la ternura correspondiente a quien se despedía de su pueblo, en circunstancias tan apremiantes y calamitosas».

Cardenal y Arzobispo de Toledo

Luis María de Borbón fue creado cardenal el 20 de octubre del año 1800 por el Papa Pío VII. Tenía 23 años. En el año 1800 el rey Carlos IV, tras breves negociaciones, pudo ver satisfechos todos sus deseos ya que Luis María de Borbón no sería creado cardenal en su promoción general, sino en un particular consistorio secreto. Obviamente pesó muchísimo ser el neocardenal cuñado de Godoy. Un joven inexperto puesto al frente de la Iglesia Española podía ser un útil juguete del omnipotente Godoy. El nuevo cardenal tuvo que pagar a Roma 4.400 escudos. En el consistorio, el Papa al proponerlo al sacro colegio para la púrpura cardenalicia, afirmó que había vendido hasta su vajilla para el socorro y alivio de los apestados en Sevilla. Estaba en Écija cuando se enteró de su designación. Los anales de la Iglesia de Sevilla nos narran que «el cabildo en manifestación de su júbilo mandó el día 9 de noviembre —el día 8 de noviembre el neocardenal les comunicó la noticia— que diese la Torre tres repiques solemnes, suspendiendo las demás demostraciones en consideración a la mortal epidemia que se padecía y tenía consternada la ciudad».

El cardenal de Toledo, Francisco de Lorenzana, preceptor de Luis María de Borbón renunció al arzobispado. El rey nombró arzobispo de aquella sede por real decreto de 4 de noviembre de 1800 al nuevo cardenal, Luis María que conservaba también el título de arzobispo de Sevilla. Desde Écija este último nombramiento se comunicó al cabildo de Sevilla, y el 8 de diciembre de 1800 el rey Carlos IV le impondrá el capelo cardenalicio en El Escorial.[61]

Títulos de gloria del nuevo cardenal

El cardenal Luis María de Borbón fue sucesor de las principales dignidades de su padre, el excardenal Luis Antonio, o sea: cardenal del título de Santa María de Scala de Roma, caballero gran cruz de la Real orden de Carlos III, cruces de San Genaro y de San Fernando (por gracia del rey de Nápoles), conde y poseedor del estado de Chinchón, Señor de Boadilla del Monte, Alcaide perpetuo de los Reales Alcázares y fortalezas de la ciudad de Segovia, Alférez Mayor perpetuo, Patrono único y perpetuo de la capilla y cabildo de Nuestra Señora de la Piedad de Chinchón y de la religión de San Francisco, Grande de España de primera clase, del consejo de Estado, etc. Muchos títulos para un hombre tan endeble y pacato, pero

---

61 Según dicen las crónicas la reacción de Sevilla fue espectacular: «El Cabildo, consecuente a la manifestación de su afecto, acordó para los días 9, 10 y 11, repiques solemnes y luminarias, en toda la altura de la Torre, a que correspondió el Palacio iluminando sus balcones, y gran parte del vecindario por orden del Ayuntamiento, y en los intervalos que permitían los repiques de las Iglesias, una banda de música marcial colocada cerca del pie de la Torre entretenía al público. La mañana del 11, la ciudad, asistió a la Misa votiva que el Cabildo había acordado en acción de gracias, por no haber tocado la epidemia a su Emmo. Prelado, quien enseguida nombró por su coadministrador en Sevilla, al Dr. D. Juan Acisclo de Vera y Delgado, Canónigo y Arcediano titular de esta Santa Iglesia, natural de Villanueva, el cual fue consagrado en Madrid, el 18 de Octubre de 1801, bajo el titulo de Arzobispo de Laodicea».

de buen corazón y sincero y honrado proceder. ¡Una muy buena persona! Pero que transmitía más pena que gloria.

Fue un buen arzobispo, según las crónicas

El cardenal Luis María no estuvo ausente como su padre de sus cargos pastorales. Su padre (el excardenal Luis Antonio) nunca estuvo en las diócesis titulares. En cambio el cardenal Luis María fue un buen arzobispo, que se preocupó por el bien espiritual de sus diocesanos: estimulando santas misiones –como hemos visto antes–, creando patronatos, escribiendo cartas pastorales, y cuidando los seminarios... En Lebrija destinó 10 millones para la erección de un seminario. El cardenal se proponía que ese seminario fuera a la vez colegio de misioneros, casa de ejercicios espirituales para sacerdotes y seminario propiamente dicho. Hubiera sido el mayor seminario de España, pero la presencia de las tropas de Napoleón, cuando el edificio ya estaba bastante adelantado, hizo paralizar las obras. Los materiales abandonados sirvieron «de aprovechamiento común y parte sirvió de cementerio».

El único Borbón en España. Carta a Napoleón y la creación de Juntas contra el emperador

Como hemos repetido varias veces anteriormente, Luis María, cardenal de Borbón, era el único miembro de la familia real que permaneció en España durante la Guerra de la Independencia.

La abdicación de Carlos IV y la invasión napoleónica de España sorprendió a todos. Las primeras reacciones fueron, por parte de la jerarquía eclesiástica, de perplejidad, y en algunos casos incluso de sumisa y vergonzosa aceptación. Así el cardenal de Borbón tiene una carta dirigida a Napoleón en la que se dice textualmente: «La abdicación de Carlos IV me impone, según Dios, la dulce obligación de poner a los pies de Vuestra Majestad Imperial y real, los homenajes de mi amor, fidelidad y respeto».[62]

---

62 Citada por LAFUENTE, *Historia de España*, vol. XVI, pág. 321. véase también F. JIMÉNEZ DE GREGORIO, *Toledo en la Guerra de la Independencia de 1808*, (Toledo, 1953); RAMÓN SOLIS, *El Cádiz de las Cortes*, (Madrid, 1958) y C. M. RODRÍGUEZ LÓPEZ BREA, *Don Luis de Borbón...*, pág. 148-151.

La adhesión a Napoleón, sin embargo, duró poco. El cardenal y la mayoría de obispos y cabildos apoyaron y presidieron las juntas creadas por doquier para oponerse a la invasión francesa. Y tuvo que marcharse de Toledo a Sevilla, y después a Cádiz. Él mismo contribuyó con gran cantidad de reales para la formación de las Juntas provinciales y en Toledo puso a Cayetano Muñoz. Como hemos dicho, el cardenal era el único miembro de la familia real que había quedado en España durante la Guerra de la Independencia. Esto hacía que en él confluyeran muchas esperanzas, ya que, a juicio de muchos historiadores, estaba llamado a desempeñar un papel decisivo en Cádiz, a pesar de ser un «hombre pacato y tímido».

¿Estaba convencido de las ideas de la Constitución de 1812? ¿Deseaba sinceramente reformar España? ¿Era partidario de un rey constitucional? El cardenal de Borbón conocía perfectamente a su pariente Fernando VII. Para él no podía ser "el deseado". Conocía sus maquiavélicas actuaciones, sus costumbres peculiares —la diversión preferida de Fernando VII eran labores muy anómalas en un rey: coser, bordar, etc.— e incluso conocía sus malévolas inclinaciones...[63] Obviamente su pariente, el cardenal, no podía apostar por "el deseado". Sin embargo le obsequió siempre con un respeto singular o posiblemente con un temor reverencial. En Cádiz y en los posteriores episodios de su vida, el cardenal de Borbón se manifiesta tímidamente inclinado a la Constitución y a las ideas liberales. Actitud posiblemente provocada por el rechazo visceral a su primo Fernando VII. No en vano la familia del cardenal había recibido graves oprobios de sus parientes que ejercieron el poder absoluto real. Su actitud y su rechazo eran, diríamos, atávicos y en parte sinceros. Hubiera podido marcharse, como todos sus familiares lo hicieron, a Francia. Sin embargo, permaneció en España y asumió, en contra del mismo omnipotente emperador Napoleón la presidencia de la regencia que posiblemente Napoleón ni se enteró. Esto suponía un singular valor nada común entre los Borbones. A pesar de ello, su papel en Cádiz es meramente pasivo; se deja llevar por un ambiente cada vez más encendido contra Francia. Diríamos de mala gana, pues sabe perfectamente que la única alternativa posible, Fernando VII, portaría al país a un sinfín de infortunios llegando incluso a la hipocresía y a la desfachatez por parte del mismo Fernando VII el "deseado" en Bayona de adular al emperador ante cualquier victoria obtenida contra los «sublevados españoles». Fernando VII no podía suscitar ninguna esperanza en aquellos, que como el cardenal de Borbón, lo conocían mínimamente.

---

63 F. SOLDEVILLA, *Historia de España...*, vol. II, págs. 352-360.

Ahí está, creemos, la explicación de la actitud poco entusiasta y vacilante del cardenal de Borbón en Cádiz. Los hechos posteriores le dieron la razón.

La Constitución y el cardenal

Evidentemente que la Constitución de 1812 fue aceptada por el cardenal de Borbón. Preside ceremonias. Siempre se le da un lugar distinguido. Era el único representante y el enlace legitimador de la corona española. Acepta la presidencia de la Regencia, sanciona el decreto de las Constituyentes, convoca las Cortes y preside el "Te Deum" de acción de gracias por la aprobación de la Constitución. El cardenal de Borbón sigue una suerte igual a la de los miembros de las Cortes. Sin embargo, durante algunos meses después de la aprobación de la Constitución es apartado de la Regencia, pero volverá a formar parte de ella en la sesión de las Cortes del 8 de mayo de 1813. En esta sesión se determina que serán tres los miembros de la Regencia, los consejeros de estado más antiguos, o sea, el cardenal de Borbón, Pedro Agar y Gabriel Ciscar. Este triunvirato, matizado por las Cortes, ostentará el poder hasta la llegada del rey Fernando VII.[64] El cardenal fue nombrado el primer regente. Bien se puede decir que si la Regencia del cardenal Borbón se mantuvo hasta la llegada de Fernando VII frente a la creciente presión conservadora, fue, por encima de todo, gracias al apoyo prestado por la prensa y por los diputados de los liberales. A pesar de todo el cardenal continuaba dando apoyo al curioso estado de la Regencia siendo el mismo cardenal el presidente constante de la mencionada Regencia. Con todo hay que reconocer que el cardenal estaba casi siempre enfermo y muchas veces en cama por las dolencias, en concreto víctima de un agudo y persistente ataque de gota. Por supuesto no pudo apenas participar en las sesiones de la Regencia. Se le mantuvo, como es lógico, por el prestigio de su apellido, pero siempre en segundo plano.

Sólo recobrará cierto protagonismo político con motivo de la vuelta a España del rey Fernando VII. En el mes de diciembre (día 19) de 1814, los regentes dejaron la isla de León (Cádiz) pasando por Jerez, Écija, Aranjuez y Madrid. Los tres regentes marchaban en coche de librea real, escoltados por guardias de Corps... Se dice que eran recibidos por donde pasaban con gran cariño por el pueblo. En el otro

---

64 F. SOLDEVILLA, *Historia de España...*, vol. VI, pág. 353.

extremo de España (Cataluña) entraba el rey Fernando VII. El cardenal de Borbón, en nombre de las Cortes y de la Regencia, deberá proponer o exigir al "deseado" Fernando VII que acepte la Constitución, antes de ser sancionado como tal rey en Madrid. ¡Difícil comisión! Sin embargo la historia demostrará que, además de ser utópica, fue en la práctica totalmente imposible.

Según la versión, en parte, de la leyenda en los campos de Puzol cesó el efímero reinado del cardenal de Borbón

Fernando VII debía, según las Cortes, jurar la Constitución en Madrid, y después sería reconocido rey. Pero en su viaje de regreso de Francia (abril de 1814), fue aclamado como rey absoluto, por el pueblo y por algunos generales, entre ellos Elío. Molestó en gran manera al cardenal los juramentos apoteósicos y absolutistas que muchos generales tributaron a Fernando VII por tierras catalanas y valencianas. El mítico episodio del encuentro de Puzol —que hoy día se cree en parte una leyenda—[65] entre Fernando VII y Luis María de Borbón que encabezaba la Regencia es de sumo interés para comprender la opinión que se tenía del carácter del cardenal de Toledo y de Sevilla. Por eso lo transcribimos íntegramente del periódico contrario a la Constitución y al cardenal de Borbón denominado "Lucindo". Así, antes de llegar a Valencia el Cardenal debía —según esta versión— presentarse al rey y proponerle las intenciones de las Cortes y proponer también que el proclamado rey jurase la Constitución de Cádiz. Conocedor Fernando VII de tal misión, dicen que exigió que el cardenal no saliese de Valencia. Pero éste escribió al rey con esos términos: «No dudo que V.M. creerá firmemente que le amo, no sólo como a mi rey, sino como a un rey que es dueño de todos los españoles»; por esto «el precepto» que V.M. me «impone» (de no salir a su encuentro) me resulta «doloroso» por la ansiedad que siento de salir a recibirle, por lo que estima que no será desobediencia lo que va hacer: «ruego encarecidamente a V.M. que le permita a mi más estrecha obligación y a mi suma delicadeza salir a recibir a V.M. hasta los confines de esta provincia».[66] Así se estableció una entrevista entre Fernando VIII y el cardenal.

---

65 C. M. RODRÍGUEZ LÓPEZ BREA, *Don Luis de Borbón...*, pág. 255.

66 Mª del C. PINTOS VIEITES, *Política de Fernando VII entre 1814-1820* (Pamplona 1958), págs. 69-71.

Dicho encuentro se efectuó el 16 de mayo de 1814 en los Llanos de Puzol.[67] El enfático y partidista periódico "Lucindo" (primer número) nos lo narra así: «Lucindo, al rey nuestro señor, don Fernando VII» (título del artículo que usa el seudónimo "Lucindo", personaje contrario a las Cortes). Te has presentado, Fernando, en nuestro suelo, y a tu vista todo enmudece, tus enemigos forman planes, pero tu presencia los desvanece. Cautivo saliste y cautivo vuelves, cautivo te llevó Napoleón y cautivo te llevan a Madrid las Cortes. Según el testimonio, las Cortes no quieren que te reconozcamos por nuestro rey, sin habernos relajado el juramento que, espontáneamente, prestamos. Napoleón te despojó de la soberanía, las Cortes han hecho lo mismo y con la misma razón que Napoleón. Envió al pérfido Savary. Las Cortes, ahora, envían al inocente y candoroso cardenal, para que igualmente te conduzca a las Cortes y seas allí, cuando menos, el ludibrio y el escándalo de los malvados, que no dejarán de concurrir a tu descrédito y, aún, quizá a tu destrucción. No te quieren soberano, y los pueblos te reciben como tal. No te quieren rey, y los pueblos gritan «reine y reine sólo Fernando.» No se obedezcan las leyes de Fernando, dicen las cortes, y los pueblos gritan: «Ya sólo Fernando manda, y nadie más».

«Dánse instrucciones a los generales de los ejércitos para que no te permitan ejercer ningún acto de mando, hasta que jures la Constitución, y el general Elío sale a tu encuentro, se arroja a tus pies, te besa la mano, y te entrega el bastón del mando de su ejército. ¡Te resistes! Y el intrépido Elío lleno de fuego dice:

- Empúñelo Vuestra Majestad, aunque no sea más que por un momento.

67 MAXIMIANO GARCÍA VENERO en su *Historia del parlamentarismo español 1810-1833* (Madrid 1946), pág. 230, nos narra los episodios anteriores al encuentro de Puzol: «Se hallaban en la Ciudad de Valencia además del cardenal de Borbón, José Luyando (ministro interino de Hacienda) y el infante Antonio Pascual. Todos ellos acudieron al encuentro del rey que se hallaba en un pueblo denominado Pedernoso. Acudió Elío a visitarles. En la residencia habilitada para el Rey y los altos personajes, se montaba la guardia, como era precepto, sobre todo, por la personalidad de que se investía el presidente de la Regencia (Luis Mª de Borbón).
«Era costumbre, en Palacio, que los Reyes dieran el santo de la guardia, para cada jornada. El santo, como habrá supuesto el lector era la voz o frase que debía regir en los servicios de vigilancia.
«El general Elío se dirigió al Infante para pedirle el santo. Luis de Borbón, con acrimonia en él desconocida, pues era hombre pacato y tímido, advirtió a Elío que el santo debía darlo el presidente de la Regencia.
«Llegaron, a la par, Juan Pérez Villamil y Miguel de Lardizábal, ambos ex regentes del Reino. Y coincidiendo con la llegada del Rey, se presentó en Valencia el diputado absolutista, Bernardo Mozo de Rosales... El día 16, Fernando con su comitiva se acercaba a Valencia. Allí estaban Elío y el brigadier Juan Poton. A Puzol salieron a recibirle el cardenal y Luyando. Y allí sobrevino un duro choque: Fernando recibió con helado continente a su primo el Cardenal».

»Lo empuñaste y, en este solo acto, el ejército, todo, te reconoce por su soberano, y Elío y toda la oficialidad te proclama y renuevan el juramento que te prestaron en 1808.»

«...besa la mano» le dijo Fernando VII

«Pero te diriges a Valencia, y a un cuarto de legua de Puzol, ves venir al cardenal encargado de entregarte la Constitución, y de notificarte el célebre decreto de 2 de febrero. Ves, digo, llegar al cardenal, mandas que pare tu coche, te apeas y detienes, y el cardenal que se había parado a que tú llegaras, se ve precisado a dirigirse a donde estabas. Llega, vuelves la cara como si no le hubieras visto. Le das la mano, en además de que te la bese. ¡Terrible compromiso! ¿Besará tu mano? ¿Faltará a las instrucciones que se supone que trae? ¿Quebrantará el juramento que ha prestado de obedecer los decretos de las Cortes? ¡Terrible compromiso!, vuelvo a decir. Fernando quiere que el cardenal le bese la mano, y no se quiere que el cardenal la bese. Esta lucha duró como seis o siete segundos en que se observó que el rey hacía esfuerzos para levantar la mano, y el cardenal para bajársela. Cansado, sin duda, el rey de la resistencia del cardenal, y revestido de gravedad, pero sin afectación, extiende su brazo y presenta su mano diciéndole: "besa". El cardenal no pudo negarse a esta acción de tanto imperio y se la besó. Entonces diste cuatro pasos hacia atrás, y te besaron la mano varios guardias y criados. ¡Triunfaste, Fernando, en este momento! Y desde este momento empieza la segunda época de tu reinado. Tú das el santo y la orden, y el cardenal enmudece, porque cesó en los campos de Puzol su efímero reinado. Yo quisiera recordarte las obligaciones que te impone este extremado amor a tus vasallos, pero toda advertencia es inútil a un rey que, en las más pequeñas acciones, manifiesta que su divisa es la gratitud».

Hoy día este episodio de sumisión (o beso) del cardenal se considera una leyenda. Posiblemente no se dio tal como lo narra, pero debe considerarse un símbolo histórico de un rey extremadamente absolutista y de un triste cardenal regente.

La adulación del periódico "Lucindo" es extremosa. Posiblemente algunos detalles, antes referidos en ese artículo, sean amañados; por no decir casi todos. A pesar de ello, con el símbolo de Puzol se derrumbó la Constitución de 1812 y se inició una vergonzante caza y captura de los partidarios y miembros de las Cortes. Los primeros afectados fueron los miembros del triunvirato de la Regencia (el cardenal de Borbón, Agar y Ciscar) y los ministros interinos de la Regencia, especialmente el ministro de hacienda José Luyando. Agar, Ciscar, y algunos de los ministros fueron encarcelados. Luyando fue exilado a Cartagena y el cardenal de Borbón tuvo que renunciar al arzobispado de Sevilla, y dejar todo el séquito y servidumbre que le correspondía por ser regente.

El manifiesto de "los persas". Las Cortes fueron tajantemente disueltas

La entrada a Valencia fue grata para el rey Fernando VII, le aplaudieron y le vitorearon. De aquellos días hay una pintoresca bibliografía jubilosa de papeles populares, de romances de cordel, incluso de odas que poetas callejeros, y algunos de ellos ciegos, le dedicaban. En la catedral de Valencia asistió Don Fernando VII a un "Te Deum" y al día siguiente le fue presentada, por Elío la oficialidad del ejército.

Antes de llegar a Madrid, Fernando VII ya actuaba como rey absoluto. Especial mención merece la aceptación por parte del rey del célebre manifiesto denominado de los "persas", ya que en la primera frase de este manifiesto se apela a una costumbre de los persas. El texto dice así:

«Señor:

»Era costumbre en los antiguos persas pasar cinco días en anarquía después del fallecimiento de su rey, a fin de que la experiencia de los asesinatos, robos y otras desgracias les obligase a ser más fieles a su sucesor.

»Para serlo España a Vuestra Majestad (Fernando VII)no necesitaba igual ensayo en los seis años de su cautividad. Del número de los españoles que se complacen al ver restituido a Vuestra Majestad al trono de sus mayores, son los que firman esta reverente exposición con el carácter de representantes de España. Mas como en ausencia de Vuestra Majestad se ha mudado el sistema al momento de verificarse aquélla, y nos hallamos al frente de la nación en un Congreso que decreta lo contrario de lo que sentimos, y de lo que nuestras provincias desean, creemos un deber manifestar nuestros votos y circunstancias que los hacen estériles...».[68]

Tal manifiesto negaba la legitimidad de las Cortes, y afirmaba que había sido un despojo de la autoridad real sobre la cual la «Monarquía española está fundada». La Regencia fue disuelta, ya que consideraba que el rey ya no tenía razón de ser por carecer de su peculiar misión, mientras el rey estaba en España a punto de entrar en la capital para hacerse cargo del poder. Por el mismo motivo la representación de las Cortes que había acudido a Valencia a recibir al rey fue por éste ultrajada, pues no fue recibida por el rey, se le quitó el séquito de ceremonia y tuvieron que escapar ante las amenazas de algunos generales que los querían encarcelar. Las Cortes fueron tajantemente disueltas. Se iniciaba el período absolutista del rey Fernando VII. «El cardenal de Borbón[69] —afirma el historiador Rodríguez López Brea— iniciaba así un exilio interior entre los muros del mismo Palacio Arzobispal que le había visto crecer. Pero ya no estaba el viejo Lorenzana para darle consejos.»

Fernando VII le castigó quitándole el arzobispado de Sevilla

Si hemos de dar crédito al episodio de Puzol, el cardenal de Borbón, según hemos indicado, tuvo un encuentro poco afortunado con el rey. Sin embargo es totalmente cierta una carta de Pablo Estoquí, teniente del regimiento de caballería del Príncipe, dirigida a Joaquín Taberner coronel del regimiento de caballería de Alcántara, fechada en Belmonte a 11 de mayo de 1814.[70] En ella aquél oyó del rey las siguientes palabras como reprimenda a su pariente, el cardenal de Borbón: «Puedes determinar el arzobispado que te acomode, o bien el de Sevilla o el de Toledo y toda la servidumbre que tienes perteneciente a la casa real la dejarás en Toledo». El cardenal optó por el arzobispado de Toledo, y así presentó al Papa la renuncia del de Sevilla, el cual aceptó tal decisión.

Los Anales de la Iglesia de Sevilla nos narran tales hechos: «El Ilustre cardenal de Borbón, arzobispo de Toledo y Sevilla, individuo de la Regencia del Reino durante

---

68 M. GARCÍA VENERO, *Historia del parlamentarismo español...*, pág. 231.

69 C. M. RODRÍGUEZ LÓPEZ BREA, *Don Luis de Borbón...*, pág. 260.

70 Hállase de esta carta un ejemplar en la Biblioteca del Depósito de guerra, colección España triunfante 330, pág. 133. Citada por MARÍA DEL CARMEN PINTOS VILITES, *La política de Fernando VII*, pág. 83.

la cautividad del monarca, bajo el dominio del emperador de los franceses, se había adelantado con una comisión del poder supremo provisional a dar la bienvenida a Fernando VII a su arribo a las márgenes del Turia, pero no pudo obtener el favor de una audiencia, y desairado, y previendo la conducta que el rey iba a observar con el Parlamento, se retiró a Madrid y pasó a Toledo, cuando fueron reducidos a prisión los diputados más influyentes, en la noche del 11 de mayo de 1814. La reacción no quiso perdonar al deudo de la real familia sus conexiones con los partidarios de las libertades públicas y, ya que no alcanzó a cosa más grave y sensible, como lo hubiera deseado, significó al infante (el cardenal) que optara por una de las dos iglesias, que regía por coadministradores, insistiendo con cierta acritud en que se decidiese pronto una cuestión, suscitada para herirle con la propuesta, y mortificarle con sus fórmulas. Resignado (el cardenal) a sufrir aquella intimación imperiosa, y resistiendo el consejo de representar, a quien de seguro no hubiese atendido a la queja, el cardenal envió su renuncia de la mitra de Sevilla, y en su consecuencia se publicó la sede vacante en nuestra iglesia catedral a la hora de "prima", el domingo 12 de marzo de 1815. «Había precedido en Roma la admisión de la renuncia que presentó con fecha de 19 de mayo de 1814, de la administración de este arzobispado de Sevilla, que le estaba encomendado, y según el Breve de S.S. Pío VII dado el 11 de enero de 1815, se manifestó así a los individuos del cabildo y canónigos de la iglesia metropolitana de Sevilla, de lo que el mismo cardenal dio cuenta también a este cabildo, por carta fechada en Toledo a 28 de febrero del referido año».[71]

El cardenal de Borbón paladín de la restauración constitucional de 1820. Su pastoral

La vida del cardenal de Borbón debía aún de cumplir un nuevo acto sorprendente. Desde el año 1814 al 1820 se vivió alejado de la corte. A pesar de ello debía dar gracias a la benevolencia del rey Fernando VII de no ser perseguido o encarcelado, como lo fueron la práctica totalidad de los componentes de aquellas Cortes de Cádiz. Por eso pasó de ser Fernando "el deseado" a ser "el nefasto".

Sin embargo, el "fatum", seis años después, deparó el cardenal una nueva oportunidad de salir del vergonzante ostracismo. El rey Fernando VII, a regañadientes, tuvo al

71 Citada por ALONSO MORGADO, *Prelados sevillanos...*, pág. 739.740.

final que firmar la Constitución ante el municipio de Madrid. Era la única salida que tenía ante el peligro de perder la corona. El 14 de marzo de 1820 tomó juramento a los infantes Carlos María, Isidro y Francisco de Paula así como al cardenal Luis María de Borbón. A éste, ahora, se le asigna la presidencia de la Junta provisional de Gobierno ¡Cómo habían cambiado los tiempos! A manos del cardenal, juraron la Constitución el vicepresidente de la Junta General, Francisco Ballesteros y los vocales Manuel Abad y Queipo obispo electo de Valladolid, Manuel de Cardizábal y el conde de Taboada del consejo de S.M., Mateo Valdemoros, Vicente Sancho, Francisco Crespo de Tejada, Bernardo Tarrius e Ignacio Pezuela. El gobierno, que también juró en manos del cardenal, lo componían los duques de San Fernando y Frías, José García de la Torre, José Alós y Antonio González Salmón.

Veinticuatro horas después se publicaba una importante carta pastoral del presidente de la Junta, como arzobispo de Toledo. Los obispos de Barcelona, Málaga, Barbastro, Salamanca, Valencia, Burgos, Tarragona y de Mallorca seguirán inmediatamente su ejemplo, llegando el último a afirmar que la Inquisición no era necesaria para mantener la religión católica, apostólica y romana. Proposición que por lo menos, dentro de la Iglesia, era novedosa.

La mencionada carta pastoral del cardenal de Borbón tiene una significativa importancia. En ella toma posición moderada, pero clara, a favor de la Constitución. Es curioso constatar que fue preciso esperar casi al final de su vida, para conocer su pensamiento acerca de aquellas famosas Cortes de Cádiz y de su Constitución. Tenía entonces el cardenal 43 años y murió tres años después. Los fragmentos más destacados de la tan importante pastoral[72] son los siguientes:

«Sí, amados diocesanos míos, tenéis en vuestra mano ya una carta de libertad civil, que después de haberla signado por sí mismo vuestro rey, os la devuelve para vuestra seguridad, pero guardaos de dejaros seducir por la falsa idea y torpe inteligencia de la palabra libertad. Los hombres somos libres por la subordinación a las leyes. No es libre un hombre cuando sigue el ímpetu de todas sus pasiones, o cuando queda sujeto a la violencia e insultos de sus hermanos. Si cada uno luciese lo que se le antojase sin la salvaguardia de un gobierno que velase sobre la seguridad pública e individual, y no castigase estas mismas violencias de los malvados, conteniendo

---

72 Transcrita por García Venero, *Historia del parlamentarismo español...*, págs. 319-322.

o con una fuerza moral y activa los delitos y el desenfreno de los individuos, esta libertad sería libertad de esclavitud por la que cada hombre tendría facultad para dañar al otro. ¡Desgraciados de todos nosotros en esta clase de libertad! La justa y santa libertad que nos promete y garantiza nuestra Constitución jurada es la de quedar seguros de todo mal por el capricho o por la seducción de hombres y facciones que no aspiren a las más exactas ideas del bien, y nos pudiesen poner bajo la arbitrariedad de gentes menos instruidas, y a merced de sus deseos de disponer de nuestras personas, de nuestros bienes y fortunas fuera de toda justicia y equidad. Se ha dado la carta de libertad a todo habitante español con dependencia al bien de todos. Así cada uno es libre para nombrar las personas más idóneas, santas y sabias que hayan de girar las relaciones con las naciones extranjeras, que hayan de mantener el orden central, y las que ministerialmente han de oprimir la libertad de hacer mal con justas correcciones y castigos. Está concedida la libertad de proponer planes y proyectos de bien, y la de dirigir la opinión pública a este mismo objeto de palabra y por escrito, pero no está concedida la licencia del insulto personal, ni de palabra, ni por escrito. Avergoncémonos de tan absurda idea. A nadie le es permitida la calumnia, el falso testimonio, la mordacidad, la burla, la murmuración, ni otras injurias personales por escrito, ni de palabra. Nuestra religión santa lo prohíbe, y nuestra Constitución política, que hemos jurado cumplir, aborrece estas maldades indignas del honor, del decoro, y de la nobleza del nombre español, que se ha de arreglar a las máximas de Jesucristo.»

¿Cómo ha de entenderse la libertad de imprenta?

«Así ha de ser entendida también la libertad de imprenta para el bien religioso y civil, exenta de las frivolidades, de los sarcasmos y de las injurias: que brille por ella la pública utilidad, que se generalice la santa moral, que se difunda la luz del cielo en todos los entendimientos y las justas ideas políticas, económicas, estadísticas, científicas y de las artes y oficios para crear hombres de saber, de virtud y buena fe.»

La igualdad ante la ley

«En este mismo sentido se os ha concedido la carta de vuestra igualdad: igualdad que nos proporciona el cariño igual de nuestro REY y PADRE. Igualdad ante la ley pública, que prescribe las obras buenas, y abomina las malas. Igualdad de relaciones, esto es, que en su posibilidad natural o de su fortuna cada uno ha de contribuir al bien general, el alto en la medida de su estatura; el rico como rico; el mediano, como mediano; el pobre, como pobre; el sabio como lo que es; el magistrado y demás funcionarios públicos en el desempeño de sus ministerios, contribuyendo todos con esta igualdad relativa a mantener el edificio del bien y de la prosperidad. Guardaos de dejaros seducir por falaces apariencias de un bien ideal, que frecuentemente, según la expresión del rey, impiden alcanzar el bien efectivo. Todos, hijos de Jesucristo Nuestro Señor, nacidos en el suelo de la nación española, todos, pertenecientes a un mismo cuerpo espiritual y temporalmente debemos mutuarnos nuestros auxilios, presentar nuestros buenos ejemplos, y subordinarlos todos a la autoridad eclesiástica y a la potestad civil, a la cual no en vano se ha dado la espada para vengar los insultos y travesuras de los pérfidos, que quieran destruir la libertad santa, que tenemos adquirida. Ved la igualdad, amados diocesanos míos, y la libertad que nos está concedida. Iguales para obrar bien, iguales para no obrar mal, iguales en la necesidad de cumplir cada uno de sus obligaciones respectivas, iguales para auxiliarnos, iguales para amarnos en Jesucristo Nuestro Señor, e iguales finalmente, para gloriarnos en nuestra nación, en la extensión de su decoro, en la sumisión al gobierno establecido, y en el conocimiento de nuestra filiación dichosa espiritual y temporal.»

La misión sacerdotal

«Bajo de estas ideas cada uno de vosotros no pierda ocasión de dar ejemplos heroicos de unión y de virtud, facilitando al gobierno los medios de proporcionar vuestra ventura, y vosotros, con especialidad a quienes he tenido el santo placer de admitir en mi diócesis a la recepción de los órdenes sagrados, para que contribuyendo conmigo al ministerio de salud y paz espiritual y temporal, a la edificación y conservación de la casa del Señor, y a la proclamación del evangelio, instrucción de su santa doctrina y predicación de su divina palabra, no faltéis a tan digna elección, ni defraudéis la gracia del Señor. No faltéis a las confianzas que he depositado en vosotros para el esparcimiento de la luz sacrosanta que ilumina a todo hombre, y desciende del cielo para que todos vean el camino de la virtud y de la equidad. No defraudéis la esperanza con que os conferí los órdenes sagrados, y cambiando el ministerio de paz que deposité en vosotros, dejéis entrar los lobos en mi amado rebaño, ni sembréis la cizaña en los campos preparados para los ejemplos de pureza en vosotros mismos, los de desinterés, los de amor y dulzura, los de suavidad y cordialidad. Consoladlos en sus trabajos, buscadlos en sus desvíos y pues que yo he partido con vosotros mi amor paternal para con todos, distribuidle, haciéndolos dignos del nombre de buenos ministros de mi ministerio pastoral. Sed doctores en la cátedra del Espíritu Santo la eterna sabiduría y de la prudencia que debe dirigir a los hombres. Sed médicos discretos en el Tribunal de la penitencia. Sed modelos de virtud en las calles y plazas. Clamad y no ceséis de inculcar a todos su obligación de observar la ley de Jesucristo, de obedecer y confiar en las autoridades constituidas. Contribuid al orden público, y poned en ejecución cuando nuestro amado y augusto monarca desea de los españoles todos. Sepárense de la cátedra de la verdad discusiones políticas, opiniones arriesgadas y perjudiciales a lo que el evangelio quiere de nosotros. Predíquese siempre la gloria de Dios, los beneficios de su misericordia, la caridad cristiana, y cuantos frutos dependen de ella, según los describe el apóstol San Pablo, para que se llene así vuestro ministerio, siendo también grato a los que hacen las veces de Dios en la tierra, y provechoso a los fieles de nuestra diócesis, para cuyo bien solamente os está confiado su ejercicio por mi autoridad. No temo, ni es de esperar, que entre vosotros haya quien en este punto dé margen a sospechas sobre sus miras distintas y máximas contrarias. Pero si, lo que Dios no permita, hubiese alguno que abusase de su ministerio, y se desentendiese de las reglas de la Iglesia santa, de sus cánones y máximas de los Padres al tiempo de manifestar el santo evangelio, no sólo causará en mí la mayor amargura por su extravío, si también por la precisión en que pondrá a mi amoroso corazón de sujetarle a la severidad de una justa corrección.»

Amor a la religión, a la nación y al rey

«Y vosotros, diocesanos míos, tened entendida toda la vehemencia de mi amor, por el que y por las entrañas de Nuestro Señor Jesucristo os exhorto que no os desentendáis jamás de la moral evangélica. Por las mismas os recomiendo juicio y cordura en las acciones, sencillez en los recreos, vigilante y útil educación en las familias, observancia, fidelidad y exactitud en el desempeño de vuestros cargos y oficios, honor alto y religioso, honor en toda conducta, paciencia y sufrimiento en la adversidad y trabajos consiguientes a la humana miseria, prudencia y moderación en los deseos, imparcialidad en las acciones y juicios, rectitud en el entendimiento, consultando siempre a los sabios de buena fe, subordinación al gobierno, sumisión a los que rigen sus ministerios, amor a la religión, a la nación y al rey, constante adhesión a sus máximas y a la Constitución política que ha jurado, y de la que nos dice será siempre su más firme apoyo. Haya en todos reflexión para pensar, consejo para obrar, confianza recíproca entre todas las clases y personas, como medios los más conducentes para conseguir la felicidad espiritual y temporal, que deseo y pido a Dios para todos.

»Dada en Madrid, a quince días de marzo de 1820. L. de Borbón, cardenal de Scala. Arzobispo de Toledo. Por mandato de S. Ema. Lic. D. Manuel José de Gallego.»

Verdaderamente esta pastoral es una gran pieza, digna de un alto eclesiástico que estimula su estudio. En ella se remarca el interés acerca de ese periodo histórico de la Iglesia española. A mí me ha sorprendido positivamente.

El poder absoluto anterior había hecho desaparecer las leyes del gobierno constitucional

La obra política realizada por el cardenal de Borbón y su Junta, fue evidentemente positiva. Desde el día de su jura, se dedicó a restablecer las leyes constitucionales y a dictar disposiciones del gobierno, algunas de sentido radical, refrendadas sin vacilar, aparentemente, por el rey. Anteriormente el poder absoluto había hecho desaparecer todas las leyes del gobierno constitucional. Ahora, la Junta devolvía al país la situación en que se hallaba jurídicamente antes de 10 de mayo de 1814. Se percibía que el gobierno anterior de Fernando VII era inadecuado. En plazo de semanas el cardenal de Borbón y la Junta hicieron la remoción de los ministros del antiguo régimen absolutista. No hubo crisis total, sino una serie de crisis parciales que daban entrada en el gobierno a constitucionales que habían sido condenados a penas de presidio. El 16 de marzo de 1820 se dispuso que la Constitución se publicase nuevamente y fuera jurada en toda la nación. El día 19 de marzo, aniversario de la promulgación de la Constitución, la Junta decidió que debía celebrarse con la solemnidad que las Cortes dispusieron en ocasión del primer aniversario. Otras disposiciones se produjeron en el transcurso de los meses de marzo a julio de 1820. Así, por ejemplo, para la provisión de los ayuntamientos constitucionales serían reelegidos los que en 1814 eran alcaldes, regidores y procuradores síndicos.

El 19 de marzo de 1820, el cardenal de Borbón y su Junta aprovecharon la ocasión del aniversario de la promulgación de la Constitución para pedir al pueblo español que fuese prudente y sensato en la seguridad de que el restablecimiento constitucional iba cumpliéndose con exactitud y diligencia. Se pedía también que la actitud del país no fuese «inundación tempestuosa y violenta de un torrente que todo lo devasta» sino «crecida majestuosa y benéfica del Nilo, que lo fecunda todo sin destruir nada».[73]

El cardenal de Borbón murió en Madrid el 19 de marzo de 1823 (aniversario de la Constitución). Tenía 46 años. Fue enterrado en la antesacristía de su iglesia catedral de Toledo, en un magnífico sepulcro, donde se lee el siguiente epitafio que había dispuesto él mismo. «D.O.M. Hic jacet Ludovicus Maria de Borbon R.I.P.A.»

Juicio sobre el cardenal de Borbón

El juicio que sus contemporáneos emiten del cardenal Luis María de Borbón es muy contradictorio: «Hombre tímido y pacato», «acérrimo partidario de la Constitución...» El antes mencionado autor del episcopologio de Toledo, no muy partidario según se deduce de la Constitución, justifica las actuaciones del cardenal, afirmando que abusaron de su carácter débil y flexible: «Pudiera –afirma– creerse que este prelado obraba por convicción, lo que antes había hecho, o por política, o por necesidad. Pero lo más cierto es que siempre obró supeditado por espíritus fuertes, que se le impusieron y abusaron de su carácter débil y flexible, porque bajo este concepto es innegable, que fue un prelado piadoso, caritativo, dulce, afable, de costumbres sencillas e inocentes, y llevado de las mejores intenciones».[74]

El gran Goya frecuentemente pinta al cardenal. Mirando sus pinturas se entrevé una cierta melancolía. Es un personaje que inspira compasión. Goya penetra en el interior de su personalidad. Y, según él, Luis María de Borbón es un hombre traumatizado por los constantes oprobios que sus padres y hermanas sufrieron, desgraciado por caerle en mala suerte ser cuñado de Godoy, altamente criticado por los anticonstitucionalitas y despreciado por su rey Fernando VII. Así es pintado

---

73 Manifiesto copiado por GARCÍA VENERO, *Historia del parlamentarismo español...*, pág. 323.
74 ALONSO MORGADO, *Prelados sevillanos...*, pág. 70.

por Goya. En esto acierta el gran pintor, como en muchas otras cosas. Lo hemos podido comprobar en las espléndidas exposiciones que, con la ayuda de Ibercaja el Museo Diocesano de Barcelona ha presentado en los años 2010-2013 sobre Goya.

Podemos también preguntar qué opinan hoy día los historiadores contemporáneos. Citamos el juicio[75] acertado del estudio de Carlos M. Rodríguez, al que tantas veces nos hemos referido: «No es empresa fácil, desde luego, dar completa idea sobre una personalidad tan compleja y contradictoria como la del cardenal Borbón. La soledad, la ausencia de cariño materno, la falta de salud, una adolescencia sin otra compañía que unos hombres ya entrados en la cincuentena, la temprana vocación eclesiástica y otras circunstancias que harían las delicias de los psicoanalistas, lo marcaron para siempre. Las fuentes, de hecho, lo muestran siempre como un hombre tímido, serio, huraño y enfermizo. Su extrema timidez, fruto sin duda de la encorsetada formación recibida en Palacio, le hacía corto e inexperto en el trato con los demás, pero su torpe don de gentes, que algunos identificaron como estupidez y falta absoluta de personalidad, no estaba reñido con una meridiana inteligencia. Con estos breves trazos lo pintó el conde de Toreno durante los difíciles años de Cádiz: «Adornaban al Cardenal —escribió— una acendrada virtud, un juicio muy recto y una instrucción no escasa; mas criado en la soledad y retiro de un palacio episcopal de España, era su cortedad tanta [entendiendo cortedad como timidez], que oscurecíanse casi del todo aquellas dotes, apareciendo a veces pobreza de uso y embarazo en el trato de gentes». Parecida opinión sacó el palaciego obispo catalán Amat, quien sorprendido por la buena memoria de su joven interlocutor —rasgo, por cierto, muy habitual entre los tímidos—, no dejaba de repetir que «era mucho mayor de lo que comúnmente se creía la instrucción de Su Eminencia en las humanidades y sobre todo en las ciencias eclesiásticas". No parece, pues, que este sea el perfil de un individuo de bajos vuelos.

»Además, Luis María de Borbón tuvo un terrible compañero que no le abandonó hasta su muerte: la gota. Y bien sabemos que los padecimientos hacen que las personas sean más introvertidas. De constitución longilínea y delgada, ya desde su adolescencia Luis María se vio obligado a pasar largas temporadas en cama a causa de sus dolencias.»

---

75 C. M. RODRÍGUEZ LÓPEZ BREA, *Don Luis de Borbón...*, pág. 78.

Al ver su figura —podemos concluir— uno no sabe si ceder ante el más rotundo rechazo, o si se vierte sobre él –el auténtico cardenal de Borbón– una benévola compasión. El verdadero cardenal Luis María de Borbón fue, no cabe duda, un personaje enigmático, pero creemos que fue honrado, especialmente al final de su vida. Fue la contra medalla del truhán, falso y pícaro seudocardenal Francisco Mayoral. Son los dos extremos de una doble historia curiosamente vinculados por los acontecimientos que España vivió y en parte sufrió en el lamentable y penoso periodo de la invasión francesa. Tales personajes serían impensables en otras circunstancias históricas más pacíficas y menos tumultuosas. A pesar de todo, son personajes muy dignos de estudio, de los cuales podemos deducir algunas características propias de la España de principios del siglo XIX. Características —algunas de ellas lamentablemente emergentes— que perduraron por todo el mencionado siglo y en las que la Iglesia se vio, también, implicada. Características que definen ese periodo lleno de contrastes y de intentos de búsqueda de nuevas formas de política y religión, cultura y civilización. Es un periodo de gran ebullición social y eclesiástica. Y para nosotros muy interesante. Conclusión que nos gustaría que nuestros lectores compartieran.

 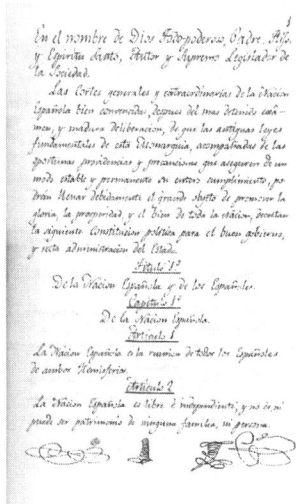

Al inicio del otoño de 1810, mientras Mayoral principia su veleidades por Francia, el verdadero cardenal Luis María de Borbón se encuentra en las Cortes de Cádiz. Allí se dictan numerosas leyes de aire liberal, el mismo Luis María firma el decreto de abolición del tribunal de la Inquisición. Finalmente, el 19 de marzo de 1812 las Cortes aprobarán la Constitución, bautizada como "La Pepa" por la festividad de San José. El 7 de agosto, el obispo de Ourense, presidente del Consejo de Regencia, se niega a acatarla y es expulsado de España. El cardenal Borbón, único miembro de la familia real en territorio nacional, es reconocido regente del reino y lo fue hasta el regreso de Fernando VII.

El cardenal Luis María de Borbón era nieto de Felipe V (Miguel Jacinto Meléndez, c. 1705) y de su segunda esposa Isabel de Farnesio (Jean Ranc, c. 1720). Museo del Prado.

El padre del cardenal Luis María fue el infante Luis de Borbón (1727-1785), hijo de Felipe V y de Isabel de Farnesio; uno de los primeros mecenas que confió en Goya, autor de este retrato de 1783. También fue cardenal a los ocho años, pero después se casó con María Teresa de Vallabriga. Colección particular.

La madre del cardenal de Borbón fue una noble dama aragonesa, María Teresa de Vallabriga y Rozas (1759-1820). Protegió a su paisano Goya (también autor de este óleo) en la pequeña corte del infante. Museo del Prado (Madrid).

La familia del infante Don Luis Antonio. Óleo sobre lienzo de Francisco José de Goya y Lucientes. Año 1784. Fundación Magnani-Rocca (Mamiano di Traversetelo, Parma). Los tres niños son Luis María (cardenal) y sus hermanas María Luisa y María Teresa, esta última más conocida como la Condesa de Chinchón y esposa de Manuel de Godoy.

ÍNDICE